JN122745

舘 正彦［著］

キリスト新聞社

神田錦町二丁目　目次

まえがき

私は、文書伝道を志して教文館に入社して以来、人生の大半を本（洋書・和書）に携わってきました。神田錦町に出版社を立ち上げてからの私を経済的に支援してくれたのが、故人となられた松田良子氏（本文中のおばちゃん）でした。その交わりは、キリスト教信仰を仲立ちとするものでした。

彼女の生前に、私は「お礼に、おばちゃんの伝記を出版するよ」とやくそくしていましたので、主が備えてくださった彼女との出会いに感謝を込め、この拙い書を世に送ります。

舘正彦

生い立ち

私は、真珠湾攻撃の翌日一九四一年（昭和一六年）一二月九日に北海道小樽市で生まれました。

詩人石川啄木は「小樽は歌わぬ街」と書いています、江戸時代から北前船で栄えた港町で、明治以降は、中国大陸との交易で賑わっていました。

日本が、敗戦に向かい出した頃、父が北海道警察本部捜査一課主任刑事となり、一家は札幌郊外琴似町の借家に引っ越しました。私には小樽での記憶はありません。終戦は、琴似で迎えました。琴似は、戊辰戦争後に北海道開拓のために屯田兵が入植した土地で、その宿舎の戸数が地名としてそのまま六軒、八軒、一二軒、二四軒として残されていました。

家族は、両親と祖母それに子どもが九人でした。二人の姉のほかはすべて男の兄弟で、総勢一二人、実に一ダースの大家族でした。九人の子どもたちは互いに符丁（ふちょう）で呼び合っていました。上から順に、長女の千鶴子はネエで小樽の高等女学校を卒業して会社員になっており、近所でも評判の美人でした。ある画家からモデルを頼まれたというエピソードもありました。私にとっては今も母親代わりの存在です。長男の静男はオンダンで、専売公社に務めており、長身でハンサムでした。彼は、長男の自覚を持ち弟たちの面倒を良く見る責任感の強い頼もしい存在でした。家では、蓄音機でクラシックのレコードを聴いていました。次男の俊雄はチェンチェイで、しっかり者で学校の成績も好かったようです。長兄と次兄は旧制小樽中学（樽中）の出身でした。次女信子はノッコで、やんちゃ娘でしたが父に可愛がられていました。三男の富彦はお富さんで、がっしりした体格で高校時代は野球部でキャッチャーをしており、アメリカの学生と文通をしていました。四男の良彦はヨッコ（渾名はヒラカ虫）で、近所の悪ガキどものボスでしたが、中学生になってから猛勉強して大学受験の名門であった札幌西高に合格して皆を驚かせました。良彦は二歳年下の私とよく喧嘩をしましたが、そんなときに仲裁に入って私を助けてくれたのが富彦でした。五男が私でマッコ（渾名は小豆）です。六男の幸雄はユキオで、目立たない存在でしたが、小学校の校長となり母の最期を看取りました。七男は孝一はコウでした。あるとき、私が末っ子の孝一に、

「お前とユキオが喧嘩するのを見たことがないな」

と言うと、

「兄貴は、近所のボスで、とても歯向かうことなどできなかったのさ」
と言って私を驚かせました。富彦以下の兄弟五人は皆、札幌西高を卒業しました。兄弟は皆学校の成績は良かったのです。以上が、私の記憶に残る兄弟です。

さて、父は農家の出で、舘家に養子に入ったのでした。戦後の日本は、悲惨な戦争体験をした復員兵による凶悪な犯罪が多発していました。事件が起こるたびに、地元新聞は「道警本部から舘刑事が派遣され、現地に捜査本部が設置されました」と実名入りで「捕物帳」のように報じたのです。それは、家族にとって誇りでした。父は仕事の鬼で、一年の半分以上は出張でした。地元紙の北方人脈という特集記事では、刑事の神様と持ち上げられましたが、後日「警察功績賞」を受賞し、その直後には勲五等瑞宝章を受章しました。子煩悩で子どもたちを叱るということのない父でしたが、煙たい存在でした。祖父は、富山県出身で小さな寺の住職でした。弟の幸雄が学生時代に、自分のルーツ探しに富山への旅に出かけた土産話によると、祖父の本家は富山藩主の教育係を務めた家柄の僧侶でした。長男でなかった祖父は、宛がわれた小さな寺を捨て、新天地を求めて北海道へ渡ったのです。その祖父は若くして他界し、寡婦となった祖母は、当時の国鉄で車内の掃除婦として働いて一人娘を育て上げたのでした。しかし、その娘は祖母の実子ではありませんでした。

祖母は、年の離れた妹を養女にしていたのです。幼くして、実母から引き離された私の母は、毎日寂しい思いをしていたようです。

わが家は、貧乏ながら格式を重んじる家風でした。朝夕は、全員で大きな丸テーブルを囲むのですが、父だけは別膳でした。秋田生まれの母の自慢は、実家の墓が五輪塔であるということでした。裁縫の心得があった母は、仕立て直しやセーターの編み直しで、子どもたちの身なりを整えていました。私は、兄のお下がりばかり着せられ、新しい物を着た記憶はありません。

私が小学四年生の頃、札樽国道に面した琴似中学校の門前にわが家が新築されました。家の裏側は小学校でした。借家であった住まいから、直線で二百メートルほどの距離でした。裏の小学校の校庭からのわが家の眺めは、三角山を背景に緑のトタン屋根と赤味がかったレンガの煙突が映える、洋風の二階建ての風格のある佇(たたず)まいでした。当時、土地がまだ安い時代であったのか、広い敷地の前庭は国道から二〇メートルほど引き込みの小道があり、花好きの母が丹精を込めたバラの垣根は、通りがかりの人の足を止めるほどの見事さでした。わが家の裏側の小学校との間には一町歩ほどの畑がありました。祖母は、中風のために手足に麻痺が残っていましたが、足を引きずりながら毎日畑仕事に没頭していました。地境には背の高いトウモロコシを植えて囲いとし、その内側には韮(にら)や枝豆、大根、人参、かぼちゃ、白菜、ほうれん草などの野菜を育てて、大家族の食を支えました。イチゴ畑や梨の木もあり、食糧難の時代にしては恵まれた食卓でした。とはいえ、あるとき、一三歳年上の姉千鶴子は、母と自分は、皆が食事を終えるまでは心配で箸を取ることはできなかったと当時を回顧していました。やはり、戦後の食糧難は相当なものだったのです。

私たち家族は総出で、春の種まきや秋の取入れを行いました。北海道では、越冬のために、畑に室（むろ）を掘りました。地上に柱を組んで雪に埋もれないようにして野菜を保存したのです。

祖母は畑仕事のほかに、鶏を三〇羽ほど飼い、食卓には毎日卵が上っていました。鶏の屠殺（とさつ）の残酷な現場に遭遇してしまった弟の幸雄は、トラウマで鶏の肉が食べられなくなってしまいました。祖母には、退職後も国鉄職員として購買会で生活必需品を安く買える資格がありました。これも家族の生活の支えになりました。小樽での生活は、父と祖母の収入と母の針仕事で成り立っていましたが、琴似に移ってからは父の月給だけで生計を立てねばなりません。上から四人の兄姉は、大学に行かずに就職して家計を支えました。貧しい戦後の暮らしの中で、自然に家族の絆が育まれたのです。

母の、祖母に対する子どもの頃からの蟠（わだかま）りは、家族を守る戦友という意識に昇華され、解消されていったのだと思われます。

神はすべてを時宜にかなうように造り、また、永遠を思う心を人に与えられる。
それでもなお、神のなさる業を始めから終わりまで見極めることは許されていない。

コヘレトの言葉（伝道の書）三章一一節

日曜学校

小学五年生の頃でした。私は、キリスト教無教会派の内村鑑三の弟子である浅見仙作先生のお宅で開かれていた小学生のための日曜学校に通うようになりました。二つ年上の兄良彦が中学生となり、私と入れ替わったのです。日曜学校の先生は浅見先生の次女のユキさんでした。彼女は薬剤師で、北海道大学（北大）の門前の薬局で働いていました。

浅見先生には二人のお嬢さんがおられ、姉のルツさんは結婚されて渡辺姓となり、近くの障害者施設「整肢学園」の教員でした。この方の息子さんが、私の兄富彦の同級生でした。後年、私の母の葬儀の折にルツさんは、

「舘さんのお母さんは、札幌で最初のボランティアであり感謝しております」

と、紹介されました。私は、全く知らなかったので驚きました。母は、学歴はありませんが大家族を抱えながら、中学校のＰＴＡ副会長を務めるほど先生方に信望があり、家では玉川学園の小原國芳の教育学の著書を読む勉強家でした。

浅見先生宅での日曜学校の生徒は、近所の小学生の男女六名でした。あるとき、東大総長の矢内原忠雄先生の講演会が浅見先生宅で開かれることになりました。浅見先生は、内村鑑三の弟子で矢内原先生の兄弟子だったのです。私は、聖書に登場する徴税人ザアカイのように、近くの木に登って小さなお宅を覗き込みました。夏の日差しの下、戸や窓は開け放たれ中から溢れ出た人々が鈴なりになって立っていました。無教会関係の方や、北大の学生たち、そして著名な大先生の話を聞こうという近所の人々が集まったのです。

浅見仙作先生は、戦争中に特高警察に逮捕されて投獄されましていましたが、戦後になって行われた裁判で無罪となりました。その最後の法廷に矢内原先生が駆けつけたそうです。

北大の学生たちは、その後も浅見先生宅を訪れて日曜学校生の私たちにも接してくれました。ある学生は将棋部員で、大人を負かすのが自慢の私も一度も勝つことができず、天狗の鼻をへし折られたのでした。私は、この学生たちを尊敬し強い影響もうけました。当時の琴似小学校には図書館はなく、一つの空き教室が図書室でした。日本文学や外国文学の全集などが並んでいました。私は、卒業までに全部読んでやろうという意気込みで読み漁っていました。本との付き合いは一生続き、就職先に出版社を選び出版人として生きる道を選択したのです。

浅見先生宅での日曜学校は、私たちが中学生となってからも続けられました。秋の終わりごろ、私たちは大通り拘置所でのクリスマス祝会に行くと知らされました。キリスト教無教会派の信徒の方が、拘置所の教誨師をされていたのです。北海道で刑務所といえば、網走刑務所が有名ですが、そこには長期刑の囚人が収監され、死刑囚は大通り拘置所に収監されていたのです。

私たち日曜学校生は、クリスマス劇を披露することになりました。生徒が少ないこともあり、私は主役の女の子を演ずることになってしまいました。拘置所に向かう霙(みぞれ)の道を歩きながら、台詞の復唱に没頭しており、途中のことは記憶に有りません。

拘置所内で撮った集合写真を見ると、老若男女総勢三一名でした。このクリスマス祝会に出席していた六名の死刑囚は、刑の執行を覚悟してか穏やかな表情で、一番怖い顔をしているのは刑務所長でした。

年が明けた二月の寒い朝、日曜学校で死刑囚の一人の刑が執行されたと聞かされました。その方は、

「自分は仲間と散々悪いことをしていたから仕方がない。しかし、死刑判決を受けたこの事件に関しては、自分は見張り役でしかなかった。ところが、最後に捕まった私を、仲間たちが口裏を合わせて主犯に仕立て上げたため、自分だけが死刑判決を受けたのです。

札幌大通拘置所でのクリスマス祝会（1955 年）

でも、刑務所でイエス様を知ることができて、今は幸せです。皆さん、先に行っています」と話され、皆で聖書の御言葉を聞き讃美歌を歌った後、彼は処刑室に向かったというのです。

あるとき、刑事であった父に

「無実の人が死刑になることってあるの」

と聞くと、

「それはあるよ」

という答えが返ってきました。このときの父の言葉は、今も私の心に刻まれています。真の神以外に正しい裁きはできないのだと思いました。

その後、浅見先生一家は札幌市内へ引っ越されました。しかし、日曜学校は北大の港湾工学を専攻される五十嵐日出夫先生によってバイブルクラスとして引き継がれました。五十嵐先生は琴似町内にあった桶屋の孝行息子として評判の方でした。

その頃、昭和天皇が北海道へ行幸して琴似町にも寄りました。町を挙げての歓迎式典が行われ、兄の良彦はブラスバンドでトランペットを吹いたのです。私は、中学一年生でしたが日の丸の小旗を振って歓迎しました。町中が熱気に包まれたのを覚えています。しかし、成人してからの私の昭和天皇に対する考えは、このときの熱気とは裏腹に覚めたものになりました。それまでは、皇室大好きの母の影響もあり、舘家は天智天皇の第二皇子の子孫の血筋であるという話を「本当かも」と思っていたのです。しかし、「昭和天皇が初めての訪米後の記者会見で、アメリカのタイムズの記者が、

「いわゆる戦争責任について、どのようにお考えになっておられますか」

と、天皇に質問したのに対し、

「そういう言葉のアヤについては、私はそういう文学方面はあまり研究していないので、よくわかりませんから、そういう問題についてはお答えできかねます。」

と答えた会見をテレビで見てショックを受けました。私の天皇に対する好感は消えました。日本の近現代史に興味を持って調べるようになり、昭和天皇が大日本帝国憲法の下では国の元首にして統治権を総攬する立憲君主制の天皇として、開戦と終戦の国策決定に深

く関与した事実を知りました。それでも、戦争犯罪で訴追されなかったのは、連合軍司令官マッカーサー元帥が日本占領政策実行のために天皇を利用しようと考えたからでした。マッカーサーは、ほかの連合国代表の訴追要求を強権をもって退けたのです。終戦まで、神として国民に礼拝されていた天皇ですが、一九四六年一月一日人間宣言をし、二月から日本全国を行幸して各地で熱烈な歓迎を受けたのです。一九四七年九月には、沖縄への米軍駐留をマッカーサー元帥に進言していますが、これは、憲法違反行為であることも知りました。

さて、兄の良彦が高校へ進んだ後、私は中学のブラスバンド部長となりトランペットも引き継ぎました。ブラスバンドで、トランペッターは花形でした。毎週月曜日の全校集会では、指揮もしました。運動会では、昼休みに演奏する童謡などの編曲も自分たちでしました。学校行事だけでなく、町の行事にも参加して町内を練り歩きました。

あなたの若い日に、あなたの造り主を覚えよ

コヘレトの言葉（伝道の書）一二章章一節

兄良彦と私

兄の良彦は中学三年生で、ブラスバンド部でトランペッターでした。戦後、昭和天皇が全国を行幸しました。その折、北海道の札幌市郊外の琴似町にも寄りました。町を挙げての歓迎式典が琴似中学校のグラウンドで行われ、良彦はトランペットを吹いたのです。私は、中学一年生でしたが日の丸の小旗を振って歓迎しました。町中が熱気に包まれたのを覚えています。

小学生時代から、私と良彦の関係は特別でした。年齢が近いこともあり、よく喧嘩をしました。私は優等生タイプでしたが、良彦は学校でも近所でも問題児でしたから、母も私には優しく接していたので、感受性の強い良彦には我慢がならなかったのでしょう。しかし、私が学校でいじめられていると、良彦は駆け付けて助けてくれることもありました。

私が中学生になったある日、いつものように良彦に組み伏せられ鼻のてっぺんを嘗められるという屈辱を跳ね返し、思いっきり相手の鼻っ柱に強烈なパンチを食らわせたのです。

パット鼻血が飛び散り、二人は呆然と立ち上がりました。異様に気付いた兄の富彦が割って入り、二人を分け、私に「晩飯まで帰ってくるな」と言ったのです。私は、映画館に入りました。上映されていたのはジェームズ・ディーン主演の『理由なき反抗』でした。この大喧嘩を境に二人は喧嘩をすることはなくなりました。そして、良彦は人が変わったように、受験勉強を始めたのです。そして、大学受験の名門である札幌西高に合格し、卒業後は北海道教育大学特設音楽科に進みました。この特設音楽科は、音楽大学のなかった北海道で、高度の音楽教育を行なうために設置されたのでした。大学の教員やプロの音楽家を輩出するのが目的だったのです。設立当初の札幌交響楽団のメンバーの多くは、この特設音楽科の卒業生でした。

良彦が高校へ進んだ後、頭の重しが取れたように、私は中学校のブラスバンド部長となりトランペットも引き継ぎました。ブラスバンドで、トランペッターは花形でした。運動会では、昼休みに演奏する童謡などの編曲も自分たちでやりました。学校行事だけでなく、町の行事にも参加して町内を練り歩きました。

良彦は、行動的な性格で学生時代から父の友人の伝手(つて)でテレビの子ども番組に出演していました。自宅で音楽教室も開いていたのです。私は、多忙な良彦に代わってピアノのレッスンをすることもありました。良彦は、本番で上がらぬためにと言って厳しい指導をしていましたが、私は責任がないので、もっぱら褒めて育てるレッスンでしたから生徒には喜ばれました。良彦は卒業すると、市内の公立中学校の音楽教師となりましたが、昔ガキ大将であった経験を活かし熱血教師として、いじめ撲滅に辣腕を振るったようです。その後、公立高校の音楽教師となりました。

良彦は、高校生時代から同じ音楽部の北倉圭子さんと付き合っていました。私も同じ音楽部にいましたから、その噂は知っていました。二人は、同じ大学に進み卒業演奏会では彼女の歌の伴奏を良彦が弾いたのです。圭子さんは市内の女子大の教授になりました。私が、札幌を離れてから二人は結婚しました。仲間からは、「高校時代から付き合っていて、よく飽きないな」と冷やかされていたようです。私の義姉となった圭子さんは、教員生活の中で「二期会」に所属して活動を続けていました。あるとき、札幌交響楽団との共演がNHKで全国放送されると良彦から連絡がありました。私は妻の実家のテレビの前に身内の人々を集め、皆で見入ったのを覚えています。実質的な婿入りのような状態で何かと肩身の狭い思いをしていた私にとっては、晴れがましい一時でした。

高校生時代の私は、道内唯一の西高オーケストラでホルンを担当していました。NHK

の合唱コンクールには、小学生の頃から音楽教師からの指名で出場していました。私は、母の影響もあり音楽浸けの毎日でした。大学進学について担任の鳥谷先生と話し合ったとき、

「大学で何をやるんだ」

と、問われた私は、

「数学をやりたいと思っています」

と、答えると驚いた教師が、

「お前は、音楽をやらないで何をやるつもりなんだ」

と、怒鳴られてしまいました。担任教師の期待を裏切ったのでした。私は、兄がすでに音大に在学しており、わが家には私を音大に入れる経済力がないと思い込んでいました。音楽大学を受験するためには、著名な先生の個人レッスンを受ける必要もあり、何かと金がかかると思っていたのです。進路が決まらず、受験勉強に身が入らないままに、私は浪人することになりました。

浪人中の一九六一年のクリスマスに、私は日本キリスト教会札幌琴似教会で、細川虔牧師の司式で洗礼を受けました。

神は、その独り子をお与えになったほどに、世を愛された。独り子を信じる者が一人も滅びないで、永遠の命を得るためである。

ヨハネによる福音書三章一六節

京都にて

私は、京都の同志社大学法学部法律学科に合格しました。北海道大学で行われた地方試験を受験したのです。同志社は、東京の早慶と並ぶ関西の私学の雄と評価されていました。京都は、高校の修学旅行で行ったことがあり、浪人生活に辟易(へきえき)していた私にとって最適な大学と思えました。

新天地京都を目指して、青函連絡船で函館を出港しました。星の煌めく夜空を眺めて、バイロンの『チャイルドハロルドの巡礼』の一節が浮かんできました。

さらば　さらば　ふる里の岸辺は
青き波の上に消えゆく
夜風は嘆き　荒波は吠え

カモメは低く泣き叫ぶ
沈みゆく日の影を追いて　我は行かん
沈みゆく日よ　我が故郷よ
暫しの別れなり　安らかに眠れ

ロマンティックな思いに浸っていました。

長旅を終えて京都に着くと、高校の同窓生高橋正造君の下宿先である東山の泉涌寺に向かいました。

彼は、現役で同志社大学に合格して経済学部に在籍しており、泉涌寺の別院である雲龍院に下宿していたのです。彼の父上は、同じ札幌西高の工芸の教師であり、聖書研究会を指導しているクリスチャンでした。

泉涌寺への道すがら、「東山三十六峰静かに眠る丑三つ時。泥棒が狙っています」という警察の看板に、「なるほど、京都らしいな」と思いながら、東山連峰の南端の山を二〇分ほど登りました。すると、展望が開け、京都市内を見下ろせる台地に付きました。その景色を背景にして泉涌寺の山門がそそり立っていました。山門を潜ると百メートルほどの下りのスロープが続き、突き当たりに堂々たる泉涌寺の伽藍が鎮座していました。

泉涌寺の受付で、高橋君から聞いていた通り、

「雲龍院に行きます」

と声をかけるとフリーパスで通してもらえました。山門脇の小道を登り釣り鐘堂を通り過ぎ、さらに三〇メートルほど先に小さな崩れかけた山門が現れました。そこが下宿先となる泉涌寺別院の雲龍院でした。

玄関で、

「ごめんください」

と大声で叫ぶと奥から、

「はーい」

という声とともに、色白でふっくらした可愛らしい娘さんが出てきて、

「おいでやす」

と、出迎えてくれました。

「高橋君の友人の舘と申します」

と、名乗ると、

「はい、聞いております。ようこそお越しやしたな」

と、まったりした京都弁が返ってきて、やっと京都へ着いたという実感が湧いてきまし

た。後で知ったのですが、この娘さんは下宿していた同志社の先輩の婚約者でした。札幌から送られていた荷物を開くと、中からお袋の手作りの修道女の人形が出てきました。お守りの心算（つもり）かと思うと胸が熱くなりました。

観光案内書には、泉涌寺は天皇家の菩提寺であり、唐の玄宗皇帝の妃であった楊貴妃をまつった楊貴妃観音像でも有名と書かれていました。泉涌寺は、年に一度一般公開され神話の時代から現代に至る代々の天皇の絵や写真が陳列されるのです。雲龍院は、泉涌寺の別院であり、管理人の井上さんは宮内庁の職員でした。賄いつきで下宿人を置くのは、井上家の副業だったのです。彼は名古屋の出身で、足が不自由でしたがよく働く真面目な人柄でした。家族はご夫婦のほかにご主人の母親らしき婦人と娘二人そして中学生の息子の六人家族でした。

ある日の朝食後、私は炬燵で葉書を眺めていました。万葉仮名らしき文面ですが読めません。すると、正面に座っていた管理人のご母堂が、

「お上手な字ですね。読めますか」

と声を掛けてきたのです。英語は読めても日本語がおぼつかない自分が情けなく、恥じ入りながら、

「お願いします」

と葉書を渡したのでした。遠く離れて京都で暮らす私を心配して、札幌の教会員の方が奈良の知人に連絡をとってくれたのでした。その奈良女子大名誉教授の夫人からの葉書だったのです。一度お宅にお出でくださいというお誘いに応えて、私は奈良に向かいました。物静かで上品なご夫婦は、同志社の知り合いの教授の話などをしてくれました。私は、教会のネットワークに守られていることをしり、感謝したのでした。

雲龍院は泉涌寺の別院としての格式の高さが自慢でした。建物の屋根瓦などには、すべて菊の御門が刻まれていました。その頃、皇太子（後の平成天皇）と平民出身の日清製粉社長の娘、正田美智子さんとの婚約が発表され、日本中が湧き立ちました。その美智子さんが皇室の菩提寺である泉涌寺に来られた折、お付きの女官が台風で崩れかけた山門を通って雲龍院に挨拶に来たという話も聞きました。

さて、雲龍院の下宿人は、学生七名と地元の京都女子大学付属高校の男性教師の計七名でした。居間には掘り炬燵があり、朝晩の二時間ほどの間に、三々五々食事をとることになっていました。

私は、高橋君の部屋ではなく、女子高教師の部屋に夏休みまでの三カ月間同居することになりました。高橋君の部屋は、奥まった日当たりの悪い湿った冷気が漂っていました。幸いなことに、私が宛がわれた部屋は広くて日当たりが良く廊下を挟んだ中庭には池がありました。同居人の教師は理科担当で部活の顧問もしており、男前ではないが人柄が良く、毎日ラジオの天気予報を聞きながら、自分の天気図に書き込んでいました。一度、部員の女学生たちが訪ねてきましたが、彼は生徒に慕われているようでした。


春休みを終えて、高橋君がようやく雲龍院に戻ってきました。

ある日、彼は私の前に立ちはだかると、いきなり私の学生服のボタンをむしり取り、

「君は、もう同志社大学の学生なんだから」

と言うと、用意していた同志社の三つ葉マーク入りのボタンを差し出したのです。私は度肝を抜かれて言葉を失っていました。我に返った私は、彼にもらったボタンを着けたのです。彼の同志社大学への誇りを知りました。国立大学受験に失敗して、滑り止めで同志社に来た私の気持を知っての思い遣りでした。母校の高校は受験校で、私大は国立大の下と見られていたのです。彼は、仲間と読書会を開いて「チャタレー夫人の恋人」を原書で読んでいました。当時、伊藤整の完訳は猥褻文書として発禁になっていたのです。暴力的な学生運動が盛んな時代でしたが、権力に対する静かな反骨精神も生きていたのです。因

みに、彼の正造という名は、足尾銅山公害の明治天皇への直訴で有名な田中正造に由来するとのことでした。

雲龍院の管理人夫妻は、名古屋出身でしたから、味噌汁は赤味噌でした。道産子の私には初めは抵抗がありましたが、慣れると美味しく感じられました。一カ月ほどすると、東山の竹林に囲まれた雲龍院は、筍の旬を迎えました。朝晩の膳に筍料理があふれ、その種類の多さは驚くばかりでした。竹林が珍しい道産子の私にとって、新鮮で柔らかな筍は頗る付の珍味でした。雲龍院の周りの竹林の中を散歩していると、後一条天皇から十数代にわたる天皇墓がありました。そこは月輪陵でした。夫々が八畳間ほどの小さなもので、低い土塀で仕切られた質素なものでした。国家神道の下で、天皇制が国家権力を振るった明治以降の巨大な天皇陵とは違い、親しみさえ覚えました。

一九六〇年代の日本は貧しい時代でした。週に一度下宿人の四、五人が連れ立って山を下り、町の銭湯に行きました。石鹸箱を手ぬぐいに包んでぶら下げて歩きました。後年、南こうせつの「神田川」を聞いたとき、その当時のことを懐かしく思い出しました。

銭湯の帰りに、山上の高台に着いて振り返ると夕闇迫る京都の町が一望できました。泉涌寺のわき道に入り、釣り鐘堂に差しかかるとそこは窪みになっており町の灯が届かず真っ暗闇でした。
雲龍院に下宿していたある学生が、管理人の娘とのデートの帰り、この釣り鐘堂で下宿人仲間の学生に突然「ワ～」と大声で脅かされ、動転して娘を置いて逃げ出してしまい、恋は終わってしまったという逸話が「雲龍院の伝説」として伝えられていました。

同志社大学の本部や主要学部は今出川校舎にあります。そこは、薩摩藩の藩邸があった場所で、六千坪の敷地を新島襄の妻八重の実兄である山本覚馬が買い取り、後に学校用地として新島に譲渡したのです。そして、二人が連名で「私学開業願」を文部省に出願し認可されたのです。山本覚馬は会津藩士で、京都府議会の初代議長を務め京都府顧問も歴任しました。彼の指導の下に、明治四年（一八七一年）に開催された京都博覧会は日本で最初の博覧会でした。この今出川校舎は市電の通りに面しており、その向かい側は御所です。天気の良い日は、体育の実技は塀に囲まれた御所の裏庭で行われていました。

私は、高橋君との約束通り夏休み前に雲龍院から引っ越しました。同志社大学は、市内のほかの大学と違い、学期末試験は夏休み前に行われていました。ですから、同志社大学の学生だけは、他大学の学生と違い夏休み前の短い期間は学業に専念せざるを得なかったのでした。

私は、京都に行ったらいろいろな所に住んで何でも見てやろうと思っていました。東山区の泉涌寺の雲龍院から始めて、伏見区の願成町、上京区の西陣、最後は上京区の一乗寺でした。それぞれに思い出がありますが、一乗寺の谷田町に住むことになったのは、クラスメートで北海道出身の福田君の紹介で農家の離れの六畳二部屋だけの建屋を、静岡出身のクラスメート遠藤君と借りたのです。大声を出しても近所迷惑にならないという環境でしたから、飲み会後の二次会のたまり場になりました。友達の友達も加えた八人のグループが自然にでき上がりました。剣豪宮本武蔵と吉岡道場の門人との「一乗寺の決闘」の地に因んで武蔵会と命名され、そのメンバーとは卒業後も連絡を取り合う生涯の付き合いとなりました。同郷の福田君は、ビートルズのファンでした。彼は、ビートルズは絶対後世に残るミユジッシャンだと言っていました。仲間は皆多彩でした。

この一乗寺の建屋には、台所や風呂はなく外に流し場があるだけでした。当時は、洗濯機などなく、洗い板でごしごしと洗濯したのです。食事は朝と昼は学食で、夜は近くの学生相手の食堂でほかの大学の学生たちと一緒にとりました。インスタントラーメンが出始めた頃でした。丼に黄色のインスタントラーメンを入れて熱湯を注いで三分ででき上がるのですが、麺を間食としてそのまま齧（かじ）ったりしていました。

私は、食堂の息子の家庭教師を頼まれ、そのお陰で何かとサービスしてもらいました。近くに銭湯があり、夜は学生達で賑わっていました。歌声喫茶が盛んな時代を反映してか、誰かが歌い出すと皆が適当にハーモニーをつけて大合唱になるのでした。立命館大学メンネルコールや同志社大学グリークラブのメンバーが数人いて、自然に皆が親しくなりました。

私の学生生活は、武蔵会のメンバーと思い出を共有していました。

皆が私の下宿に集まり、ぶらぶらと散歩に出かけたとき、

「天気が良いから、これから山に登ろう」

ということになり、私は出かけたときの下駄履きのまま比叡山に登りました。またあるときは、尾道出身の小坪君と二人で、皆が岸で見守る中を琵琶湖で泳ぎました。京都六大学野球の最終戦は同志社と立命館の同立戦でした。その前夜祭は、丸山公園で行われる恒例の行事でしたから皆で出かけました。最終戦の応援に出かけて、勝利の感激を味わえたときは、京都出身の古池君の家で祝杯をあげたのでした。夏休みには、メンバーが北海道旅行の途中に釧路の福田君と札幌の私の家を訪ねてくれました。

あるとき、古池君の兄上が先斗町に武蔵会のメンバーを招待してくれたのです。この方は、大手生命保険会社の京都支店の課長で先斗町の店を接待で使っていたのです。私は、

残念ながら出席できなかったのですが、招待されたメンバーは置屋の娘である一代豆さんと半玉（芸者の見習い）さんたちとの外での付き合いが許されたのです。彼女たちが大学祭に来たとき、我々は意気揚々とキャンパス内を練り歩きました。そして、その夜はそのまま一乗寺の我らのたまり場で全員が雑魚寝したこともありました。武蔵会のメンバーとの付き合いは、生涯の宝となりました。

私の学生生活は、講義の合間に日に一度は大学近くの麻雀荘か街中のパチンコ屋に顔を出すというものでした。第二語学のドイツ語は必須科目でしたが、出席日数が足りず四年生まで持ち越してしまいました。そのため、土曜日の午後の補講には休まず出席しました。ドイツ語教師は京大出身で、出席日数については厳しいから注意せよと先輩に言われていたのです。私は、補講が終わると毎週通っていた北野天満宮近くの西都（せいと）教会で翌日の礼拝讃美歌の練習をしていました。母の影響か小学生の頃から音楽が好きでした。札幌の実家には、教育大の音楽科に通っていた兄の免税品のピアノがあり、浪人の私は毎日弾いていたので讃美歌などは弾けたのです。西都教会のオルガンは、片足ペダル鍵盤付きのエレクトーンでした。私は、小学生の頃から遅刻常習者でした。礼拝にも遅れることが多かったので、牧師は遅刻対策として土曜日は牧師宅で夕食を振る舞い、私をそのまま牧師宅に泊めることにしたのです。翌日は日曜学校教師と礼拝の奏楽も受け持つことになりました。

大学の講義は、語学以外は出欠を取らないので適当にサボっていましたが、興味のあった宗教学（M・ブーバーの「我と汝」の連続講義）は真面目に受講しました。教文館の入社試験での作文や、出版部長との英語での面談ではそれが大いに役立ちました。私の学生生活は、教会生活でリズムが保たれ、何とか留年せずに卒業できたのです。

良心の全身に充満したる丈夫（ますらお）の　起こり来たらん事を

新島　襄

いざ東京へ

私は、東京の総合書店「教文館」の入社試験に合格しました。教文館は、明治一八年（一八八五年）に米国人ウェンライト博士によって創業されたキリスト教（プロテスタント）の総合書店で銀座四丁目の表通りにありました。聖書・讃美歌などキリスト教関係文献の出版・販売・卸を行っている総合書店です。

同志社大学では、就職希望者に対し成績順に就職先への推薦をしていました。しかし、出版社は推薦枠を設けず、誰でも自由に受験できたのです。成績の悪い私にとっては有難いことでした。武蔵会の仲間たちは、皆成績が良く大企業に就職が決まり残っていたのは私一人でした。

出版社志望の私は、岩波書店と教文館を受験するために東京へ向かいました。岩波書店の初任給は全国一高いと報道されていました。出版社は人気職種だったのです。岩波書店の入社試験当日は、御茶ノ水駅から試験会場の大学まで数千人の長蛇の列が続いていました。しかも、採用予定は一名だけと聞いて不合格の覚悟はできていました。岩波書店の数日後に、教文館の試験がありました。私は、結婚して千葉に住んでいた長姉（千鶴子）の所に泊まりました。教文館の受験者数も三〇〇人を超えていました。試験場は、教文館九階の集会室で二日に分けて行われました。地方からの受験者には、午前中の筆記試験に引き続いて午後に面接が行われました。採用されたのは五名でした。大卒とは別の日に、短大・高卒の採用試験が行われ一五名が採用されました。教文館は、資本金が一億を超える大企業でした。因みに岩波書店は資本金三千万円でした。大学にとって卒業生の就職先が大企業か否かは、翌年の受験者数に影響を与えるので重要な関心事なのです。

会社案内では、教文館は会長が親和銀行頭取で、片山内閣で運輸大臣を芦田内閣で大蔵大臣を歴任した北村徳太郎であり、社長は元判事で満州国建設を指揮した岸信介の下で働いた武藤富男でした。ところが、入社してみると、驚いたことに会長は武藤富男に社長は鵜飼幸吉へと代替わりしていました。一九六六年の春でした。

武藤富男社長は、恩師のキリスト教社会運動家の賀川豊彦の庇護で戦犯を逃れたのだと社内で噂されていました。その後、明治学院院長、キリスト新聞社社長、恵泉女学園理事長、東京神学大学理事長などを歴任し、キリスト教界に大きな足跡を残した人物です。

さて、卒業式出席のために帰った京都は春爛漫でした。就職が決まった開放感と相俟って別世界のように輝いて見えて、「今こそ青春の輝けるとき」との思いに満たされていました。

卒業式を終えて意気揚々と東京に戻ると、私は入社試験を一番で合格した優秀な新人と評判になっていました。ところが、ある日京都先斗町の置屋の娘である一代豆さんが、教文館に私を訪ねてやってきたのです。紺色の目立たない着物姿でしたが、先斗町で磨き上げた容姿は垢抜(あかぬ)けていました。京都で「都をどり」を指導していた日本舞踊の師匠は、東京に居を構えており四月に新橋演舞場で行われる「東をどり」も指導していたのです。一代豆さんは、仕来(しきた)りに従って京都から師匠への挨拶のために上京したのです。銀座六丁目の新橋演舞場への途中に、四丁目の教文館に立ち寄ったのです。それからの私は社内で、京都で遊びまわっていた新人社員と噂されました。私自身は、先斗町で遊んだことなどなかったのですが弁解しても始まらないと諦めました。

さて、新入社員は全員、一カ月間の新入社員教育を受けました。外部から、講師を招いての書店経営についての講義や、商品の包み方やソロバンなどの実習でした。卓上計算機がまだ出回っていない時代だったのです。その後は、総務部から始まり、和書部、洋書部、出版部など社内の各部を一週間ずつ回されて実地研修をしました。そして、大卒五名は全員洋書部に配属されたのです。その五名のうち本社採用は三名で、残りの二名は京都と仙台の支店に配属されました。洋書部には、大卒のほかに短大卒一名と高卒二名が配属されました。

この頃、日本は戦後の焼け野原からの経済復興を遂げていました。文部省は、大学に研究助成金を出して支援していたのです。そのため、洋書の需要が急増し、教文館洋書部も時流に乗って新入社員を大量に採用したのです。しかし、私はいずれ出版部で働ける日も来るだろうという期待は持っていました。

全地よ、主にむかって喜ばしき声をあげよ。喜びをもって主につかえよ。

詩編　一〇〇編

哀れな社会人

私は、いわゆる安保世代で、政治や社会問題について多少の知識と関心は持っていました。しかし、教文館の労働組合は私には異様に映りました。教文館の社員数は一一〇名ほどで、私が配属された洋書部は三〇余名でした。各部の部長と次長を除く全社員が組合員でした。その中には、共産党員も数名おりプロレスラーのような体格の青年行動隊長もいました。党員以外にもシンパの怖いおばさん達がいました。組合員は、終業後に頻繁に開かれる職場会に出なければなりません。その場の雰囲気は、新入社員の常識的な意見などは場違いに感じられました。ある共産党員の先輩社員は、新入社員に『赤旗』を購読してくれ」としつこく勧誘していましたが、その人物が神学校中退者と聞いて驚きました。

その彼が職場会で、

「労働組合に入らない新入社員には仕事を教えないようにしよう」

という発言をしたのですが、さすがに皆は黙ったままでした。私にとって、職場会は息苦しい場でした。

教文館労働組合は、総評全国一般東京地本に所属していました。天皇と揶揄される名物男が東京地本の議長を務めていました。区域の労働組合員は春闘時には昼休みデモに動員されました。銀座から日比谷方面をシュプレヒコールを繰り返しながら練り歩くのです。

赤尾敏という名物男がいて、いつも数寄屋橋で辻説法と称して毒舌を振るっていました。デモの隊列が数寄屋橋交差点に近づくと、ハンドマイクを片手に、拳を振り上げて

「あの馬鹿どもは」

と、指さして罵声を浴びせるのです。彼は社会主義者でしたが、天皇制社会主義を標榜して民族主義者に転向した右翼として名を知られていました。昭和一七年の選挙で衆議院議員になり、戦後は親米反共の大日本愛国党を創設しました。この愛国党員の青年山口音也が、演壇に立っていた社会党委員長浅沼稲次郎を刺殺したのです。

さて、私にとって、大勢でのデモ行進は恥ずかしくありませんが、春闘やボーナス闘争で行うストライキには閉口しました。教文館ビルは銀座四丁目の表通りに面しており、ストライキのたびに店のシャッターを下ろして作業服に着替え、赤い鉢巻と腕章をつけて、汚れた組合旗を靡かせながらインターナショナル（革命歌）や労働歌をがなり立てるので

す。人々に夢を売るという煌びやかな銀座ではさすがに目立ちました。私は、すっかり組合嫌いになりました。

日本は、一九六〇年に平和条約（日本の独立）と引き換えに、防共の砦としての日米安全保障（安保）条約を締結しました。米ソ二大国の緊張関係の産物です。

岸信介首相は、国会で条約の強行採決をしましたが、それに抗議する国会議員、労働者、学者、市民などが、連日国会前で大規模なデモを展開したのです。デモは日を追うごとに激しさを増し、ついにその一部が国会に乱入して警官隊と激突し、東大生の樺美智子さんが死亡したのです。予定されていた米国大統領の訪日は中止となり、岸内閣は混乱の責任をとって総辞職しました。安保反対のデモは全国に広がり、銀座通りにもデモ隊が頻繁に押し寄せて警官隊と衝突を繰り返していました。銀座のペーブメントは美しい石畳が敷き詰められていましたが、デモ隊の一部がそれを剥がして警官隊や銀座通りの煌びやかなショウウインドウ目掛けて投げつけるので、レンガは剥がされ鼠色のアスファルトで塗りつぶされました。教文館ビルはシャッターを下ろし、社員は皆生活防衛のために愛社精神に燃えて社屋を守ったのでした。

さて、私が上京した当時の銀座通りには都電が走っていました。着飾った人は見慣れていましたが、ステテコステ姿で電車を待っている人には度肝をぬかれました。映画スターやスポーツ選手など著名人をよく見かけましたが、彼らは人込みの中でも不思議なオーラを放っていました。地方から上京したという婦人が、「東京は本物が居る所よね」と感心していましたが、私も同感でした。銀座の華やかな雰囲気とは裏腹に、薄給だった私の生活は質素でした。札幌西高校の二年先輩のKさんの下宿に泊まり込み中華料理屋で夕食をご馳走になることがしばしばありました。そして、彼がたった一枚だけ持っていた黒人歌手ナットキングコールのレコードを何度も聞いたのです。このK先輩は、教文館が委託している運送会社の社員で、仕事のルートで横浜のキリスト教書店を回っていました。彼は全く酒を飲まないので、教文館の若い社員たちが中華街へ出かけるときは、行きも帰りもアッシー役を務めてくれたのです。私が教文館を退職した後、彼は、教文館の売り場の気立て優しいH嬢と目出たくゴールインしました。因みに、K先輩の弟はオーケストラの指揮者でした。

ところで、「江戸っ子というのは、三代に亘って住んでいる人をいうのだ」と聞きました。それは、東京に住んで間もない人間は田舎者で江戸っ子ではないという江戸っ子のプライドであり、同時に差別意識でもあると思われました。

全国各地には、その土地独特の文化と流儀があります。北海道育ちの私は、京都に住んでみて、日本は歴史と文化の伝統を持つ国であると実感しました。また、江戸の文化を継承している東京には京都とは違う文化があります。東京の若い女性の昼間の職場として、銀座と丸の内はそれなりのステータスであるのを知りました。

銀座の表通りの商店街の社員の多くは、労働組合員でした。和光労組の女性などは、はっとさせる美人がそろっていました。勤務時間中の、昼休みデモには出てきませんが、クリスマスの組合主催のダンスパーティーなどで出会うと、胸が躍ったものです。

入社三年目の春、私は所属する出版健保の野球の試合で骨折して数週間入院しました。退院して出社すると、私のセクションに派手な感じの美人の新人アルバイトがいました。私の好みは清楚なタイプでしたから、あまり気に留めませんでした。半年ほどすると、彼女は姿を消しました。西銀座にある東映に就職したのです。そして、ときどき教文館に遊びに来ていましたが、その目的が私であったのは後でしりました。

「相談したいことがある」

と彼女に誘われて、交際が始まりました。彼女は、私の薄給を知っており、デートでも私の懐を気遣って店を選んでくれました。彼女は、明るく積極的な性格でした。夏の夜のデートでの彼女の服装は、革製のタイトなミニスカート姿は人目を引き、酔った若い男たちが擦れ違い様に口笛を鳴らすほどでした。それは、迷惑でしたが、少し誇らしくもありました。そして、恒例の組合主催のクリスマス・ダンスパーティーに彼女を誘いました。薄緑色のドレスに身を包み頭には白いヘアバンドを付けて彼女が現れました。それは、外国映画で見た貴族の娘が舞踏会で付ける宝石で飾ったティアラのように見えました。私は彼女の虜（とりこ）になっていました。

親しい同僚のHに、

「俺はMと結婚するつもりだ」

と打ち明けると、

「俺は、彼女に振られたから言う訳じゃないが、あれは絶対お前に合わないから、遊ぶだけにしておけ」

と忠告されたのです。私は、この慶応ボーイが彼女に振られたと初めて知って驚いたのでした。

私との交際が深まると、彼女は地元千葉の幕張教会に熱心に通い始めました。彼女は、教会が経営する幼稚園の卒園生だったのです。彼女と同年代の女性教会員が熱心に指導してくれて、彼女は受洗へと導かれました。その後、私の母教会である世田谷教会（後の世田谷千歳教会）で小林泰雄牧師の司式で婚約式を行い、翌年青学会館で結婚式を挙げました。彼女は二四歳、私は三〇歳でした。

結婚後は、総武線本八幡駅近くの蛙の合唱が喧しい田んぼの中に建てられたアパートに住みました。それは日本経済の発展に合わせて、農家が土地を売って不動産屋へ転身するという時代の反映でした。やがて妻が妊娠し、切迫流産の危険に瀕して実家に帰ったのをきっかけに、私も幕張の妻の実家に同居することになりました。その後、妻の実家が経営する敷地内のマンションに住み、朝夕の食事は実家で老夫婦と一緒でした。婿入り養子になってしまった気分でしたが、助かりました。二人の娘に恵まれた後、妻の実家を離れて近くに家を建てましたが、その土地は実家からの妻へのプレゼントでした。新居に移った後も、私は七つ違いの二人の娘を毎朝車で保育園に送ってから会社に向かい、夕方は妻が会社を退社してから迎えに行くという共働きの生活を続けました。

小林牧師が、

「奥さんの実家に同居するのはたいへんですよ」

と心配してくれましたが、私たちの生活は、妻の実家の支援で成り立っていましたから、多少の問題は想定内でした。苦労知らずの夫婦にとって、成長する糧となりました。

入社して四年経った頃、教文館は経営危機に陥りました。すると職場の雰囲気は悪くなり、見切りをつけて退職する者も出始めていました。この会社は一〇年ごとに経営が行き詰まり、所有するビルや社員用施設を売り払っては危機を乗り切っていたのです。キリスト教主義の会社が、マルクスの理論の実例のようで皮肉に思えました。放漫経営が原因でした。

ある日、私は直属の上司であるG常務に呼び出されました。

「新会社を設立するので一緒に来てほしい」

と、誘いを受けたのです。彼は、次期社長と目されていたのですが、権力争いに敗れたのでした。私は、彼に可愛がられ結婚式の仲人にもなってもらっていたので、無下に断ることもできず、窮地に立たされました。新会社は、教文館の暖簾を受け継ぐかのような神田教文館という社名でした。しかも、洋書輸入販売だけを行うという制約を受けていました。私は、新会社では最年少の一兵卒に過ぎず、文書伝道に携わるためには自分で出版社を立ち上げるしかなくなったのでした。

私は、已むなく、

「二・三年ならご一緒します」

と答え、新会社への誘いを受けることにしました。豊臣秀吉の辞世の句を自嘲的に思い浮かべていました。

露と落ち、露と消えにし、わが身かな
浪速のことは、夢のまた夢

いや、銀座のことは夢のまた夢、と言い換えて。

後年、通勤途中の車の中でＮＨＫの『ラジオ深夜便』を聞き、出演していた「赤毛のアン」の翻訳で知られる村岡花子氏が、戦前の教文館出版部におられたことを知り感激しました。日中戦争が激しくなった頃、教文館にいた外国の宣教師は全員帰国させられました。その中の、カナダ人の宣教師が、
「これは、今カナダで評判の小説です、読んでみませんか」
と言ってプレゼントしてくれたのが『グリンゲーブルズのアン』（赤毛のアン）だったのです。彼女は、戦火の中を、原書と翻訳した原稿をリュックにいれて戦火の中を逃げ回り、戦後に出版に漕ぎ付けたのでした。目的を持って生きることの大切さを語っておられました。

このような、素晴らしい先輩がおられた教文館ですが、私が在籍した当時は、過激な労働組合の赤旗が翻（ひるがえ）っており大掃除が必要だったのかもしれません。

顧（かえり）みて、大卒合格者の全員が洋書部に配属されたことからして、出版社員募集として入社試験を行ったのは、人材を集めるための餌（えさ）だったという気がして空しい思いに囚われていました。伝道の書の一節が浮かんできました。

空の空、空の空、いっさいは空である

伝道の書（コヘレトの言葉）一章二節

新会社設立

私は、社内の権力抗争の巻き添えで、教文館を退職せざるを得なくなりました。三人の取締役による会社再建協議で、各部を独立させて子会社化することになりました。しかし、この再建案は組合の大反対で覆（くつがえ）されました。最終的には、教文館本体は総務部と出版部およびキリスト教書販売部が残り、支店および営業所は閉鎖されることになりました。外商部は別会社となり、私の洋書部は、教文館洋書部と新会社の神田教文館に分割されることになったのです。

教文館洋書部と神田教文館とは得意先獲得を巡って熾烈な競争をしいられたのです。しかも、神田教文館は洋書輸入業だけを行うという制約を受けていました。神田教文館の社長は教文館洋書部担当のG常務で、社員はキリスト教書に詳しくカタログ作りのエキスパートのI次長、仕入実務担当のHさん、大阪支店長であったKさんと私の五名でした。いずれも、新社長と個人的に親しかった者だけでした。私は、キリスト教文書伝道を目指して教文館を受験したのであり、洋書販売員で一生を終えるつもりはありません。志を実現するには自分で出版社を立ち上げるしか道はないと考えていました。

神田教文館の設立直後の売り上げの大部分は、それまで都内で営業担当をしていた私のものでした。ですから、二、三年という約束で神田教文館へ移ったのですが、実際に退職を認めてもらったのは七年後のことでした。私が担当者との関係で得た青山学院大学の理工学部の雑誌は五百万円ほどでした。教文館の私の給料が一万円ほどでしたから、これは大きな額でした。しかも、雑誌は前金で支払われたのです。雑誌を発注した後、図書館の課長は私に、

「大会社に発注してその会社が倒産しても、文句を言う者は誰もいないだろうけど、できたばかりの会社に前金払いで注文を出して、倒産でもされたら私の責任問題になるんだよ、そのことは肝に銘じてください。私は君を信じているからね」と話されました。

「充分承知しております」と恐縮し感謝したのでした。

神田教文館の先輩たちの退職金は分割払いでしたから、新会社にとって大きな助けとなりました。

三年ほど経った頃、私は文部省の私学助成が打ち切られるらしい、という情報を得ました。大手の業者は文部省とのパイプを持っていたのです。文部省の助成金で潤っていた

洋書業界の未来は絶望的であると思いました。文書伝道の夢を繋ぐために、新会社設立の秋(とき)が来たと覚悟を決めました。

ところが、ちょうどその頃、義父から相続税についての相談を受けました。義父は、茨城県の田舎から上京して丁稚からたたき上げて商売を学び、自分の事業を成功させて一代で一〇数億円の資産を残していたのです。私は思いつくままに、

「学校法人立の幼稚園を設立してはどうですか。法人に財産を寄付すれば免税になるはずです」

と言ってみました。すると、

「それなら君がやってみないか」

という予期せぬ話に発展し、

「わかりました、調べてみます」

ということになったのです。私は、新会社設立の夢は持っていましたが、しかし、学校法人設立の方は現実的でしかも、幼児教育とは思いもよらない素晴らしい事業であると思いました。本気で、情報収集を始めることにしました。義父は、千葉市内に住む幼稚園設立に詳しい知人を自宅に招いて私と一緒に話を聞きました。話は、とんとん拍子に進み、

銀行融資の道筋も見通しがつきました。

当時、幼稚園から初めて、大学まで発展させた例は、千葉敬愛学園など身近にもありました。私は、これに賭けてみようと決心したのです。

神田教文館の営業会議で、自分の決意を表明し、近々退職することを表明しました。

私は、自分が幼稚園長の資格を取るために玉川大学の通信教育学部に入学しました。通信教育には、数週間のスクーリングがあり大学に通わねばならなかったのです。会社務めをしながら学校に通うのはたいへんでした。学科ごとに、出欠をとるので、弟の友人の学生に「代返」を依頼したこともありましたが、続きません。自分で通うしかないので、会社には、家庭の事情でしばらく定時に退社しますと報告をしました。社会人となってから学ぶということが実に楽しいということを知りました。特に、皆で一緒に歌う音楽の時間は格別でした。

そんなとき、教文館洋書部で都内の営業員であったS先輩が神田教文館に戻ってきたのです。彼は、車の運転ができたので、私が抜けてもその穴は埋められると判断され円満退社が認められました。それまで、運転免許を持っているのは私だけだったのです。

ところが、私の幼稚園設立の計画は土壇場で、妻の兄弟たちの猛反対で挫折してしま

いました。私に財産を独り占めされるという思いと、妬みだったと思います。長男は、

「自分を取るか、舘を取るか」

と義父に迫ったというのです。

幼児教育の夢は潰（つい）えましたが、今更神田教文館に留まる気にもなれません。出版事業を目指して自分の会社を設立することにしました。

さて、欧米の大手の出版社や大学の出版局は日本に代理店をもっていました。洋書輸入協会のメンバーになれば洋書の仕入はできたのです。出版業ですぐに食べて行くのは不可能ですが、洋書輸入業で食いつなぐことはできると考えました。教文館と神田教文館の二社とも競合する覚悟での決断でした。このときの私の中には、文書伝道を目指して入社した教文館では洋書部に配属され、社内抗争で新会社神田教文館へ移されたという「眠っていた怨念」が目覚めていたのも事実です。

私は、文書伝道のための道筋を考えました。第一段階は事務所を構えて会社を設立する。第二段階で洋書輸入協会に入会する。第三段階で海外の出版社と直接取引をするルートを開く。第四段階で洋書販売と並行して出版事業を開始する。

この計画を着実に進めることにしたのです。

第一段階　私は、先輩のOさんに声を掛けました。彼は四〇代で、会社の危機の際、肩を叩かれて退職して母教会の一室で教会の手伝いなどをしていました。教員をしている独身のお姉さんが家計を支えていると聞いていました。

私とOさんは、不動産屋に出かけて事務所を探しました。何件か見て回った後、やっと辿り着いたのが神田錦町二丁目の三洋ビルでした。この辺りは、細い道路で碁盤の目状に区画され、低い建物がひしめき合っていました。三洋ビルは、黄土色のレンガの壁の木造モルタル二階建ての古びた建物でした。戦後間もなくにアパートとして建てられ、入り口は正面がくり抜かれた城門のようでした。それを潜って入ると、そこは中庭になっていました。一本の細い木があり、その根元の石で囲まれた池にはメダカが泳いでいました。その庭は、イスラム建築の回廊のように廊下で囲まれ、真ん中あたりに二階へのむき出しの階段がありました。一階と二階には、四畳半の小さな一二の部屋が並んでおり、一階正面の突き当りの部屋が管理人の作家・中山あい子先生の事務室兼住居だったのです。彼女は、小説家として認められるまではここに住み込んで執筆活動をしていたのです。このビルには、さまざまな人間がおり小説の題材に事欠かなかったようです。

三洋ビルの道路を隔てた斜め向かいには、製本会館ビルがありました。二階建ての灰色のビル全体に緑の蔦が絡みついて、美しい風情を醸し出していました。これも気に入りました。この辺りには、かつて製本屋や印刷屋などがたくさんあったのです。私は、入り口の真上に位置する部屋を事務所に決めました。

ところが、翌日出勤してドアを開けると、むせ返るような悪臭に襲われたのです。それは、前の借家人が床にフローリングを引くために使った接着剤が腐って放つ悪臭だったのです。この悪臭は、その後半年以上も私を悩ませました。

事務所の契約を済ませると、会社の登記をしました。法学士のプライドで、登記は自分で行いました。これで、第一段階をクリアしました。

第二段階の洋書輸入協会入会は、スムーズにクリアできました。

そして、第三段階です。海外の出版社と直接取引するルート開くことです。私は、神田教文館の発注カードで、主要な出版社のアドレスを入手していましたからこれで第三段階もクリアできました。

残すは、第四段階の洋書販売と並行して出版事業を開始することだけとなりました。これは、日々の活動の合間に進めるしかありません。前進あるのみでした。

私は、古書を扱うために古物商のライセンスを取得し、古書の鑑定も始めました。亡くなった大学教授やその遺族が蔵書を大学に寄贈する場合、受け入れる大学では一冊一冊に値段を付ける必要がありました。財産目録に書き込むためです。この古物商のライセンスは警察の管轄であり、毎年更新しなければなりませんでした。そのため、神田警察は一年に一度古物業者を集めて講習会を開いたのです。古物業者は、講習を受けて資格の更新をしました。古物業者は、古物買い付け台帳を常備し、その台帳の検閲も受けるのです。新入りの業者は台帳の記入方法の指導を受けると同時に、窃盗犯が品物をどのように捌（さば）くかなどの実例を聞き、警察の窃盗犯検挙に協力させられるのです。

あるとき、講習会の席で神田警察の新任課長が、

「最近は、中国人や韓国人つまり、チャンコロやチョンの犯罪が増えているのです」

と、ふざけた調子で話し出すと聴衆の一人が立ち上がり、

「今の発言は、差別発言ですから、訂正してお詫びしてください」

と大きな声で言ったのです。こりゃすごいと感心し、私は、神田という独特の土地柄に魅力を感じました。

さて、新会社の業績は一向に上がりません。このままでは共倒れになると判断し、Oさんには以前の教会の一室に戻ってもらいました。申し訳ない決断でした。

それからは、一人で洋書販売と出版事業の二足の草鞋を履くことになりました。

私は、洋書販売の仕事をしながら、いつも出版の企画を考えていました。最初に成功した企画は、日本大学の教科書でした。大きな大学の専任教員が使用する教科書は大手の出版社が握っており、新参の出版社が入り込む余地はなかったのです。洋書販売で毎週訪問する文理学部の助手に、

「貴方の研究業績になる本を出版して上げるから、親しい仲間の助手を集めて、西洋哲学史を書いてもらえないか」

と頼んだのです。その結果でき上がったのが、日大の八学部で使用する教科書「西洋哲学史ハンドブック」でした。ギリシャ時代から近現代までを網羅するものでした。この企画は大成功でした。しかし三年間ほどでこの出版は続かなくなりました。学生が教科書を先輩から無償で譲り受けるようになり、私は在庫を抱えて、教師への執筆料の支払いさえも滞るようになったのです。この出版は他社に譲ることになって終わりました。しかし、出版は企画力が勝負である、と自分を叱咤して次の企画に取り組みました。

ところで、欧米の出版会社の歴史を調べると、出版事業は貴族や金持ちが出資し合っ

て起こしていました。時間をかけて、しっかりと企画を立てて高価な出版物を生み出したのです。潤沢な資金があっての事業なのです。しかし、日本では私のような資金の少ない者でも選べる仕事なのです。私は、洋書の輸入販売と出版の二足の草鞋をはいていましたが、「日本語ヘクサプラ」の成功で、出版で食べて行けるという目途が立ちました。

教文館洋書部時代に知った、イギリスの出版物「イングリッシュ・ヘクサプラ」を模した「日本語ヘクサプラ」の出版です。この企画実現には、日本聖書協会の協力をいただきました。貴重な日本語訳の聖書を借り受けたのです。日本語版では、聖書協会所蔵の六つの聖書を収録しました。ヘクサプラとはラテン語の六を意味します。明治訳聖書（ヘボン訳）、ニコライ訳（ギリシャ正教訳）、ラゲ訳（カトリック教会の名訳）、文語訳（大正訳）、口語訳（一九五四年版）、そして新共同訳（一九八七年版）の六つで、ギリシャ語の原点はショルツ版を使用しました。本を開くと、二頁全面を使って六つの聖書が並べられています。中央のギリシャ語原典とそれを囲む六つの日本語訳聖書を対照して読むことができる画期的な聖書でした。礼拝説教で牧師が使用できるので、評判を呼びました。研究社の「新英和大辞典」よりも大きな版で、一冊三万三〇一〇円と高価ですが、どんどん売れ出したのです。当時、教文館と競合していた神田教文館の元社員が起こした出版社エルピスが教文館の卸部であったキリスト教書の取次（卸（おろし））会社である日本キリスト教書販売㈱から、

「取り扱わせてほしい」

という依頼の電話が入ったのです。ついに、出版社への道が開かれて文書伝道への志が可能となったのです。因みに本書は、日本語の変遷を知り得る、と評価され日本図書館協会の選定図書となりました。こうして、教文館洋書部と神田教文館との三つ巴の競合関係にあった洋書販売の仕事から解放されたのでした。

主ご自身が建ててくださるのでなければ
家を建てる人の労苦はむなしい

詩編 一二七

神田錦町二丁目の人びと

私が事務所を構えた神田錦町二丁目の住人は、一筋縄では行かない頼もしい人たちです。戦前の小学校の教科書では、

「天皇陛下は、それは立派なお血筋で、現人神（あらひとがみ）様であらせられます」

と教えていました。しかし、ここの住人には誤魔化しは通じません。大正天皇の生母である女官・柳原愛子（やなぎわらなるこ）の住まいが町内にあり、人目を忍んで明治天皇が夜な夜な通ってきていたのを知っていたというのです。江戸時代の二五〇年以上は徳川家の将軍が江戸に君臨していました。江戸っ子はその公方様を崇めて暮らしてきたので、ご維新となって京の都から天皇様が下ってこられても、余所者（よそもの）という意識だったそうです。

さて、三洋ビルの住人になってしばらく経ったある午後、管理人の作家・中山あい子さんが部屋にやってきました。彼女は、ときどき娘マリさん（劇団・ザ・スーパーカンパニー所属の役者）の派手なパンタロンを穿（は）いて外出していました。しかし、近隣の人々から

は先生と呼ばれて一目置かれていました。小説現代の新人賞を受賞しており、作家の色川武大は彼女を「女流の焼跡闇市派」と称していました。彼女は、お昼の人気テレビ番組、小堺一機の「ライオンのいただきます」に出演して毒舌で勇名を馳せていました。

部屋に入ってきた彼女は、エルピスが出版社であると知ると、特別の関心を示してくれました。

ある日、「銀行倒産」で華々しく文壇にデビューした佐高信氏が隣の貧弱な二階建ての建物の一室に事務所を構え、先輩作家の中山あい子先生に表敬訪問に訪れたのです。そのとき、私は佐高信氏に紹介されました。その後、彼とは道ですれ違って言葉を交わすようになりました。後年、私が『写真集・南京大虐殺』を出版したときには、『週刊金曜日』の編集にも携わっていた彼に書評を書いてもらいました。さらに、私の地元千葉での講演も引き受けてもらったりし、今も尊敬している人物です。

さて、神田錦町二丁目の労働者たちにとって喫茶店「モア」は溜まり場でした。「モア」は、テーブルの幾つかにゲーム機が備え付けられており、昼間は営業マンらがピコピコとゲームに興じ、売り上げに貢献していました。経営者は五〇代の白髪交じりの角刈りの男で、常連客からマスターと呼ばれていました。「モア」は、商談の場であり昼食の場でもあり夜の溜まり場だったのです。昼食のメニューはチャーハン、焼きそば、焼肉に限定され、飲み物を添えた定食でした。毎日、五時になるとマスターは「仕事は終わり」と宣言して姿を消すと、その後は馴染みの客たちが勝手に厨房に入って簡単な肴を作り、ビールや焼酎を勝手に飲むのです。良くしたもので、料理人やバーテンダー役を買って出る者もいました。勘定は自己申告制で、勝手に賽銭箱に入れるのでした。

マスターは、土曜日になると「定期コース」と称して、上野の馴染みのコリアンバーと中華料理店の二軒を回るのでした。私も一度ご相伴に与ったのですが、いずれもそこそこの賑わいでした。マスターの塒は店内で、天井から簡易ベッドを吊り下げる仕組みになっていました。

ある日、マスターは四〇代の女性を連れてきたので大騒ぎとなりました。ビール樽のような姿で、ご面相も異様と思えるほどの醜女なのです。常連客の中で一番態度の大きいのが剣道の有段者でもある「とっちゃん」でした。彼は、「モア」の道路を挟んだ正面に位置する二階建ての細長い社屋ビルで働く営業マンでした。彼の会社は囲碁や狩猟などの本を出版しており、本社ビルも近くにある老舗の出版社でした。とっちゃんが、マスターに直談判におよび、

「この店は食事を出すんだよ。あんな女が居たんじゃ、飯が不味くなり客は来なくなる

から止めなさいよ」

と言ったのです。この話を聞いた常連の仲間たちは、黙っていましたが内心は尤もだと思っていたようです。

一年近く経った頃、その女性は突然姿を消しました。マスターの虎の子の百万円を持って逃げたというのです。しかし、マスターは「とっちゃん」に、

「あの女は、俺に一年も付き合ってくれたから、あれは餞別だよ」

と寂しそうに言ったそうです。マスターは、その後、病で急逝し店の跡は更地となってしまいました。

知恵ある者と共に歩けば知恵を得
愚か者と交われば災いに遭う

箴言　一三章二〇節

バブル崩壊

ある日、私の事務所にIさんが訪ねてきました。彼は、私より一〇歳ほど年上で、教文館でアルバイトをしていたことがあったそうです。その後、自分で起業して洋書輸入業社となり、さらに洋書業界を舞台に運送会社なども経営して、恵比寿駅近くにビルを持つほどの成功者でした。

しかし、全く畑違いの事業に手を出して失敗し、多額の借金を負って倒産して借金取りに追われて私の所に来たのです。多分、神田教文館から私のことを聞いたのでしょう。

彼の話によると、幼馴染の先輩が起業したガス警報器の開発事業に資金提供して共同経営者になったのです。ガスが燃焼しているときと、していないときの管の中を通過するガスの流れの速度が違う点に目を付け、スイッチを切らなくても火が消えガスも止まるという装置を考案したというのです。専門の工業新聞にも記事が載り、彼は有頂天になってしまいました。しかし、試作品を作るためには新しい金型の作製など、その都度多額の費用が必要でした。試作品の製造は繰り返さねばならず、いつ完成品ができるか目途が立たない中で、彼の資金は底を突いてしまったのです。そして、この開発研究途中の事業を大手の企業に売り払うことにも失敗して破産したのでした。

私は、彼にちょうど空いていたデスクを与えしばらく匿(かくま)ったのでした。しかし、一カ月ほどすると、それらしき男たちがＩさん訪ねて現れ、Ｉさんは事務所を去りました。彼の、失敗談を聞く中で私は、日本の資本主義の過酷な現実を知りました。日本経済は、表で流れている金と同じほどの金が裏でも流れているという実態と、銀行の本質が金貸しであり、その取り立ての厳しさを知りました。同時に、高利貸しの取り立ての人を死に追いやるほどの凄まじい実態を垣間見たり、ときには私自身も彼と一緒にその現場に立ち会ったりもしました。そして、経営者は倒産して自殺しても終わらず、その後も過酷な取り立てが続くことを知ってしまいました。経営者は、どのように倒産するかまでを冷静に考えて対処しなければならないということを教えられたのでした。

出版が軌道に乗り出して、多少余裕ができた私は The Great Bible（大聖書）のファクシミリ版の出版を決意しました。私に欲が生まれたのです。時あたかも、日本経済はバブルの時代で高額の絵画や本がいくらでも売れたのです。私は、打ち合わせのためにロンドンへ出張しました。日本聖書協会の紹介で英国聖書協会とケンブリッジ大学に出かけることにしたのです。高価な本には紛い物が多かったので、本物のお墨付きのある原本が必要でした。英国国教会が所有し、ケンブリッジ大学が保管していたフライ・コレクションの中の原本のフィルムを入手するためです。一週間の滞在の間、始めは高校の後輩で世田谷教会の会員でもある秋元夫妻の住まいに泊めてもらい、その後はホテルを起点に活動したのです。秋元君は、ロンドン在住の商社マンで夫人の澄子さんも英語が堪能で、学生時代は二人とも夫々の大学の英会話クラブのキャプテンでした。澄子さんには、商談の通訳をお願いして助けてもらいました。商談を無事終えたので、私は一人でロンドン名物の二階建てバスで市内見物をしました。先ずは大英博物館です。これは、とても一日では見切れるものではないと判断し、日本に関する展示を重点的に駆け足で見て回りました。翌日は、ミュージカル「レ・ミゼラブル」を観に出かけました。ウェスト・エンド地区にあるクイーンズ・シアターで初演を観ました。このミュージカルはその後世界中で大ヒットしたのですから、ラッキーでした。ロンドンのウェスト・エンドはニューヨークのブロードウェイと並ぶミュージカルのメッカです。非常に感動したのですが、高所恐怖症の私は急斜面のイスからころげ落ちるのではないかという心配が最後まで続きました。その翌日、秋元君がパブに誘ってくれました。ロンドンの労働者が仕事を終えると必ず立ち寄る憩いの場です。そこで、言葉とリズムだけの「ラップ」という新しい音楽の演奏を若い聴衆と一緒に聞いて驚きました。狭い会場の外には若者たちが溢れていました。

日本に戻り、ロンドンからの原本のフィルムを印刷屋に渡した後、製本屋を探しました。原本は原寸大（A３判）ですから、引き受けてくれる製本屋がありません。その頃、日本の製本は機械で行われ、製本ラインが固定されているのでA３判の大きさで、紙質が厚い帳簿用紙の千ページを超える本の製本はできなかったのです。しかも、表紙は皮製で背バンドまで付けるのですから尚更です。製本屋をやっと見つけたときにはすでに一年ほど経っていました。結局、本ができ上がったのは、さらにその一年後になってしまいました。しかも、製本は強力な外国製の糊で行うことになったのです。その間に日本のバブル経済は崩壊していました。

山一証券を始め、企業倒産が相次ぎました。ニューヨークタイムズ紙は、日本の経済専門誌「日経新聞」がなぜ、日本政府にこの予測できた危機を諫言（かんげん）しなかったのか、と批判しましたが後の祭りです。日本は大不況に陥ったのです。

このグレート・バイブル（大聖書）のファクシミリ版の出版企画は、でき上がった商品のすべてを丸善に買い上げてもらうというものでした。そのため、この本の英文の序文を依頼した東大名誉教授の紹介で、丸善の常務と一緒に話を進めていたのです。

本ができ上がり、丸善に報告に行くと新しい担当者が現れ、前任の常務はバブルで好景

気の最中に身内の不動産会社に転職したというのです。そして、

「社長さん、もうそんな時代じゃありませんよ」

と言われたのです。うかつにも、丸善との正式な契約書を交わしていなかったのです。私は、奈落の底に落とされ、しばらくは呆然として立ち上がれませんでした。

一冊一冊、自分で売り歩くしかありません。気を取り直して、カタログ作りから始めました。この高額（一冊三六万円）の本は、内容が良いので、一冊また一冊と売れましたが、それでは足が遅すぎるのです。回転資金がなければ営業は続けられません。バブル崩壊後の銀行は、それまでの紳士然とした態度を変え、貸し剥がしに専心する金貸しに変身していたのです。

私は、己の愚かさに恥じ入っていました。バブルが崩壊したとはいえ、Iさんの失敗から学んだはずだったのに、私自身が手形の決済に追われる塗炭の苦しみを味わうことになろうとは思いも寄らぬことでした。しかし、金貸しなどに潰されてたまるか、と開き直ってこの困難に立ち向かう決心をしました。私には、信仰があるのだから、と自分を奮い立たせていました。

神は真実な方です。あなたがたを耐えられないような試練に遭わせることはなさ

らず、試練と共に、それに耐えられるよう、逃れる道をも備えていてくださいます。
コリントの信徒への手紙一　一〇章一三節

おばちゃんとの出会い

大きな負債を背負いましたが、売るべき商品は有りますから頑張るしかありません。気を取り直して一冊三三万円の「大聖書」の販売に専心しました。商品を車に乗せて北は仙台南は大阪・神戸へと売り歩いたのです。その間、近くの共立女子大生二人をアルバイトとして雇い、二交代制で電話番と簡単な事務処理を頼みました。彼女らの卒業後は母教会・世田谷教会員の紹介で、大会社を退職したTさんに後を継いでもらいました。給与はいらないとのことでしたが、交通費プラスアルファで働いてもらいました。その間にも、銀行返済と「大聖書」の販売との「いたちごっこ」が続き、少しずつ借金は増え続けるのです。決算書を黒字にして、保証協会付で借金するなどして食いつないでいました。

ある日、仕事で知り合ったSが、

「会社が倒産したので、助けてください」

と、言って突然現れたのです。このままでは、いずれ倒産への道しかないと思っていたので、思い切って、「大聖書」販売と並行して出版に本腰を入れることにしたのです。ちょうど良い機会と思って彼を採用しました。ところが、これは大失敗でした。彼は、倒産した会社で作った印刷屋への未払金を私の会社の支払いに上乗せして返済していたのです。印刷屋が私に同情してか、いずれ発覚すると思ったのか、それとなく注意してくれたのです。これは、私のチェックが甘かったのが原因ですから、警察沙汰にはせず、

「外で余計なことは言うな。私もあんたのことは言わない」

とだけ言って首にしました。自分の管理責任と諦め、弁済は求めませんでした。後で知ったのですが、M大学教授が、この男の口車に乗って出版の前金を詐取されたのでした。そっとして許したのが、仇になったのかもしれません。

Sに出版を任せた二年間の間に、会社の借金は急速に増え続け、一千万円を超えていました。彼には出版の企画力などなかったのです。

ところで、私がおばちゃんと親しくなったのは喫茶店「モア」がなくなる二年ほど前でした。ある午後、私は三時のお茶をしに「モア」に出かけました。店は空いていましたが、厨房でときどき皿洗いをしていた老婦人が、若い娘と親しげに話していました。それが、おばちゃんだったのです。私は、娘の笑顔に誘われて、声をかけました。一人暮らしのお

ばちゃんを心配して様子を見に来たというおばちゃんの姪でした。別れ際に、

「おばちゃんのこと、宜しくお願いします」

と言われて、

「はい」

と、生返事をしましたが、それからはおばちゃんのことが気になりました。

その後、おばちゃんを誘ってお茶を飲むようになり、互いの身の上話などをするようになりました。おばちゃんは、モアの斜向（はす）かいの古い家に住んでいました。二人はやがて近所の中華屋で昼食を食べるようになり、三時のお茶も「モア」ではなく、ケーキも出る喫茶店でするようになりました。おばちゃんは、背丈も一三〇センチそこそこと小柄で、小学生の頃からいつも一番前だったそうです。私は一七八センチで、その差四〇センチですから、二人が歩くと目立ちました。おばちゃんは、七〇歳を超えていましたが、若い頃は綺麗だったろうと思わせる整った顔立ちでした。

おばちゃんの夫は、新婚三カ月目に兵隊にとられ、終戦間際にソ満国境で戦死したとのことでした。嫁ぎ先の家も空襲で焼かれてしまい、母の住む神田の実家に戻り二人で暮らすことにしたのです。

「さて、どうやって食べて行こうか」

と、思案に暮れて二人の所持金を出し合ってみると百円ほどでした。地の利を活かして、二人で駄菓子屋を始めたのです。おばちゃんには、商才があったようです。

神田錦町二丁目のおばちゃんの実家は、近くに錦城高校と正則高校があり、神田駅に向かう生徒たちの通り道なのです。腹を空かせた生徒たちは、「あんパン」を買うために行列を作るようになりました。しかし、学校は休みが多いので、夜はアルバイトをしました。チェコ製の印刷機を持ち、印刷用の印字を卸す会社の社長に頼まれて、池袋まで野球帽を被った男装で闇ドル買いに出かけたのです。度胸もあり、昼も夜も働いて少しずつ生活にゆとりができると、おばちゃんは株を始めました。当時は、資金がなくても株の売買が可能だったのです。顔も広く政治家との付き合いもあり、自民党の千代田区の婦人部長を長年務めていましたから、頭も良く度胸もあり情報通だったおばちゃんは株で相当稼ぎました。私と出会った頃、おばちゃんは数社の優良株を持ち、千葉の津田沼駅付近には土地を持つほどの資産家になっていたのです。

その頃、私の妻は更年期障害で会社を休むようになり、やがてほとんど出勤しなくなっていました。私は、給与の負担も考えて会社を辞めてもらい、留守番電話を入れて営業に出かけるようにしました。

妻が出社しなくなると、おばちゃんは毎日事務所に来るようになりました。おばちゃんは、電話には出ない留守番役に徹してくれたのです。おばちゃんの家は、事務所から徒歩三分ほどなので、一〇時ごろに私の事務所に来て、夕方まで一日中聖書を読んでいました。おばちゃんは、毎日黙々と聖書を読み、ときたま私に質問するのです、

「ホサナ・ホサナって何のこと」

と、云うような真面目なものでした。私は聖書辞典役を楽しんでいました。おばちゃんは、子どもの頃、近くの宣教師に教えられた「主われを愛す」という讃美歌を覚えていました。日曜学校に通ったのかもしれません。子どもの頃に蒔かれた信仰の種を育てたのは神であったと、気づいたのはおばちゃんが洗礼を受けると言ったときでした。

ある日の夕方、私はおばちゃんの家に行ってみました。京都の町屋のような細長い道があり、その途中の部屋が入り口となっており、開け放たれた畳の部屋が居間でした。そこに流れる空気は冷たく湿っており、部屋の隅には酸素ボンベが据えてあり、おばちゃんの健康状態を暗示していました。

私は、モアの常連客の中に、夜に一杯やりながら囲碁を楽しむ客が七・八はいるのを知

っており、囲碁会を開こうと考えました。

「おばちゃん、上の部屋を見せてよ」

と言って二階に上がり、八畳ほどの部屋で、

「ここを、皆の碁会所に使わせてほしいんだけど」

と言うと、

「ああ、いいよ」

と、驚くほど簡単に引き受けてくれました。

おばちゃんの健康を考えてのことであり、私は幹事となって囲碁会を仕切ることにしました。

人間にとって目的を持つのが如何に大切かを知る機会となりました。金曜の夜になると、おばちゃんは元気いっぱいで我々を迎えてくれ、夏はそうめん冬はうどん、という具合に簡単な食事も用意してくれました。気が付くと、部屋の隅の酸素ボンベは姿を消していました。

私は、囲碁会の会費として、月額千円を徴収しておばちゃんに渡すことにしました。碁盤と碁石は喫茶店「モア」からの払い下げと、夫々が職場から持ち寄って一〇面分ほどがそろいました。「モア」に出入りしていた錦城高校の社会科の教師は、囲碁部の顧問でア

マチュア六段という猛者でした。私はこの教員を囲碁会の「先生」として迎え、金曜夜の囲碁会を発足させました。勝敗表を作成して「先生」に三連勝すると昇段するというルールも作りました。おばちゃんの家は、デートなどには無縁のおじさん達の溜まり場となったのです。何はともあれ、おばちゃんが元気になったのは大収穫でした。神さまのご計画は、人間の予想を超えるものです。

神のなさることは皆　その時にかなって美しい

伝道の書（コヘレトの言葉）　三章一一節

社員旅行

喫茶店「モア」がなくなってから、私の事務所に大学の先輩の藤本武さんの会社が引っ越してきました。私の事務所の空いた机一つと電話一本が会社でした。お互いが電話番を務めました。その先輩の友人の清治さん（柳川清治）におばちゃんを加えた四人が、金曜日の終業後に一杯やる飲み屋になっていました。武さんは健康食品の通信販売をしており、武さんと清治さんは中国貿易を通しての友人でした。武さんの風貌は、歌手の霧島昇にそっくりで、カラオケでも霧島昇のヒット曲を歌っていました。「霧島昇の兄弟ですか」と声をかけられると、

「まあね」

と応えて「そっくりさん」を楽しんでいたようです。

当時の日本では、中国人が油っこい食事をしても太らないのはウーロン茶を飲むからだと思われていました。武さんは、

「俺たちはお茶を健康食品に仕上げて高値で販売する仕組みを作ったんだ」

と、自慢げに話していましたが、私には胡散(うさん)臭い話に思えました。それに比べると、清治さんの方は、真面目な人柄で中国から日本にお茶の文化を伝えた栄西禅師の話などをしていました。清治さんは、お茶だけでなく甘栗も輸入しており、年に一度は中国に出かけていました。


この飲み会におばちゃんも参加するようになったのです。飲み物は缶ビールと焼酎で、つまみはピーナツとスルメイカが定番で、私が用意しました。


あるとき、清治さんが上機嫌で引き上げながら、

「それでは、貧乏人の皆さんさようなら」

と、大げさにお辞儀をして出て行ったのです。すると、おばちゃんは真顔で私に、

「一体、いくら持っていたら金持ちと云うんだい」

と、聞いたのです。


その頃、おばちゃんは自宅の立ち退きで、一億円もの大金を手にしたのを聞いていた私は、武さんの前でそんな話をして良いものかと言葉に詰まってしまいました。


そんなある日、いつものように宴会が終わって、

「それでは、貧乏人の皆さんさようなら」

と、清治さんが出て行った後、私は
「これ以上隠し通すのは清治さんに悪いよ」

と、おばちゃんに言って、武さんにもおばちゃんのことを隠さず話したのです。そして、

「おばちゃん、余計なお世話だと思うけど、一体大金をどう使うの」

と聞いてみたのです。すると、

「私は、子どももいないから、全部使い切った次の日に死ぬのが一番だと思ってるよ」

と、言うのでした。

「どこかに寄付でもするの」

と武さんが聞くと、

「そんなの、私の性（しょう）に合わないよ」

と、言うのでした。

「そんなら皆で旅行でもして使おうか」

と、私が冗談めかして言うと、

「ああ、いいね、そうしよう」

と、おばちゃんが言うので社員旅行が決まったのです。

　その翌週に、清治さんがまたやってきたので、

「清治さん、申し訳ないけど、ここには貧乏人はいませんので、もうお付き合いはできません。どうぞ、お引き取りくださいよ」

と、言ったのです。そして、

「今度、伊勢の鳥羽湾あたりに社員旅行するんだけど、一緒に行きますか」

と、続けると、半信半疑の様子でしたが、本当らしいと分かると、

「あのね、死んだ女房が元気だった頃ね、いつか伊勢あたりを旅行して鳥羽湾の夫婦岩でも見たいね。と言っていたんだ」

と、しんみりと話したのです。鳥羽湾の夫婦岩は新年のカレンダーや年賀状の定番になっていました。私は、

「では、会長さんの許可を得ましたので、社員旅行を実施することにします」

と、宣言したのでした。これを、冗談から駒が出るというのでしょうか。

さて、旅行の直前になるとおばちゃんは、

「これは、私の旅費だよ」

といって封筒に入れた現金を、そっと私に渡してくれたのです。それは、ちょうど四人分の交通費と宿泊費に相当する金額でした。旅行会社で調べたのでしょう。私の会社の懐状態を心配してくれていたのです。

おばちゃんと私

　その後、四人の社員旅行は、春は弘前の桜見物を、夏は奥多摩方面へ、秋は奥日光と、二年以上続けられました。

　その頃までに、私の銀行借り入れはゼロになっていました。返済金がないときや、手形の期日が来たときは止むを得ずおばちゃんに泣きついていたのです。おばちゃんは、

「あんたが悪い人間だったら、絶対に金を出したりしないんだけど。結果として貢いでしまったね」

と、笑っていました。私は、

「こんな大借金を返す当てはないから、将来おばちゃんの伝記を出版してお返しするよ」と応えていました。おばちゃんが株で儲けて、津田沼駅近くに不動産を

持ち、その上、立ち退きで大金を手にしたのを知っていましたから、大船に乗ったつもりでおばちゃんに借金の肩代わりをしてもらっていたのです。

当時の私は、おばちゃんの「かばん持ち」でもありました。近くの中京信用金庫がおばちゃんのメインバンクでした。私と出会う相当以前に、おばちゃんは隣家からのもらい火で家を焼失し、三菱銀行に駆け込んで借入を頼んだが断られたのでした。当時の銀行の営業マンは、口座数を稼ぐために個人の家をマメに回り、何かあったらうちの銀行が面倒をみますからいつでも言ってください、とオベンチャラを振りまいていました。しかし、いざ借入を申し込んだとき、初めて銀行の冷たさを知るのです。

気丈なおばちゃんは、融資を断られると、

「そうかい、分かったよ、わたしゃ、寒かったから家に火をつけて暖まったんだよ」

と、啖呵を切って帰ってきたそうです。それからは、三菱銀行との取引は止めて、近くの中京信用金庫（後の中京銀行）に鞍替えしたのです。

ある日、私は開店早々の信用金庫におばちゃんに連れていかれ、

「この人は、私の息子のような人なんだ。通帳とハンコも預けてあるから、この人が来たら、お金を渡してちょうだい」

と、言って私を紹介したのです。しかし、いくらおばちゃんの頼みだからと云っても、

後で疑われて面倒なことになりかねない思った私は、現金を引き出すたびに通帳のコピーを取り、おばちゃんにサインをもらうことにしました。予想通り、同じ信金に口座を持っていたおばちゃんの腹違いの妹が、信金に私を警戒するように言ったのです。私の金庫番役はこれで終わりました。それからしばらくして、おばちゃんの甥という若い男が電話で面会を求めてきました。慶応出の会社員でした。私は用意してあった、おばちゃんの受取りサイン入りの銀行通帳のコピーを見せて身の潔白を証明しました。その後も、おばちゃんの身内からの嫌味な電話が来ましたが、おばちゃんとの関係を切ることにはなりませんでした。おばちゃんの援助なしには出版事業は続けられないという現実がありました。

あるとき、おばちゃんは義理の兄弟たちに、私たちを取るか舘を取るかと迫られ、おばちゃんは、

「舘を取る」

と、答えたというのです。私にその話をした後、おばちゃんは私の胸にしがみ付いて泣きました。おばちゃんが涙を流すのを始めて見た私は、この人を亡母の代わりと思って最後まで面倒を見ようと決心したのでした。私を助けるために神が送ってくださった人なのですから。

人は、裸で母の胎を出たように、裸で帰る。
来た時の姿で、行くのだ。
労苦の結果を何ひとつ持って行くわけではない。

コヘレトの言葉　五章一四節

「写真集・南京大虐殺」の出版

安保世代の私は、平和問題に関心をもっており、学生運動にも熱心ではありませんが、当時の一般学生同様に集会やデモに参加していました。

あるとき、事務所の斜向かいの印刷屋で地方の市民が南京事件の謝罪のためのツアー旅行を行い、桜の木の記念植樹を行っているという記事を目にしました。この印刷屋は、当時左翼の溜まり場と云われていた法政大学社会学部の出身でした。私は、興味を引かれて調べてみると、南京の戦場写真は日本にも整理されずに多数残っていることが分かりました。まだ、誰もやっていない大きな出版企画になると思うと、私の胸はときめきました。

おばちゃんは、夫が新婚三ヶ月目に招集され終戦直前にソ満国境で戦死したと話していました。そして、

「わたしゃ、ロ助が大嫌いさ」

と、言っていたのです。もっともな話です。

ある日、

「なあ、おばちゃんの気持ちは良く分かるけどさ、日本軍は満州の肥沃な土地にいた農民を追い出して、そこに日本人を開拓団として送り込んだんだよ。譬えは悪いけど、強盗に入って返り討ちに会ったようなものだったんだよ。「満蒙は日本の生命線」とか言ってね。おばちゃんも覚えているだろう。もちろん、不可侵条約を突然破棄して、日本の占領地に攻め込んだソ連も悪いけどさ」

と言うと、おばちゃんは黙り込んでしまいました。

それから一週間ほど経った頃、私は南京事件の写真集出版の企画をおばちゃんに話してみました。するとおばちゃんが、

「その金は私が出すよ」

と、言ったのです。

写真集の出版となると、製作費は二千万円は用意しなくてはなりません。出版は銀行の融資を取り付けてから具体化する話と思っていましたから、あまりの急展開に言葉に詰まってしまいました。このとき、最大の難題が一挙に解決して、出版が実現することになったのです。

それからの私は、この出版企画に没頭しました。南京事件関係の史料や本を読み漁りました。そして、国内の新聞三社（朝日、毎日、読売）に出かけ、事件の写真のコピー使用を依頼したのです。朝日、毎日から合計百枚ほどの許可をもらいました。しかし、読売新聞社は、

「そんな写真は一枚もありません」という素っ気ない返事で拒否されました。已むを得ず、読売新聞社からは、記事の写真一枚だけを使用することにしました。計らずも、新聞各社の、日本が犯した戦争犯罪に対する姿勢を知ることになりました。

さて、写真集となると百枚の写真では足りない、せめて二百枚は欲しいと考えた私は、現地南京への取材旅行を企画しました。

私は、南京に一〇日間の予定で取材旅行をすることにしました。教会のネットワークで紹介された大阪在住の阿部牧師に通訳をお願いしました。阿部牧師から、旅費は自分が出すので夫人を同行させてほしいと言われ、ご一緒することにしました。私と通訳の阿部牧師夫妻の一行三人は、深夜の南京駅に到着しました。上海からの列車は一日に二本で、私たちが乗ったのは鈍行（普通）で、もう一本は急行なのですが、東京の中国を専門とする旅行会社でも切符が取れなかったのです。

一九九四年の一一月の寒い夜でした。駅は乗客と出迎えの人や大きな荷を担いで走る男たちでごった返していました。私たちが乗った普通列車には暖房はなく、寒々としていました。中国へ行くなら、汽車の切符だけは日本で買うようにと念を押されていました。それは、当時の中国は汚職天国で、駅員が切符にプレミアを付けて販売していたからです。

私たちを乗せた列車には、車両の入り口にがっしりした体格のおばさんが客を監視するかのように丸椅子に座っていました。彼女は車掌で、列車が動き出すと検札に回ってきました。それが済むと、大きなやかんを持ち出して、乗客にお湯を配り始めたのです。客は、自分の茶葉を入れた魔法ビンのようなものでお湯のサービスを受けていました。私たちも、そのお湯のサービスを受けました。中国茶は何回でもお湯をつぎ足して飲むことができるのです。それが済むと、車掌のおばさんが列車の窓の中段あたりの穴に柳の枝を削った棒を差し込み、その棒に白い布を洗濯物を干すようにして回ったのです。あら不思議、それが暖房装置だったのです。次第に、車中に温かさが伝わってきたのですから驚きました。人間の知恵と経験の素晴らしさに感じ入っていました。

私は、出発前に阿部牧師から、

「滞在費は三人分で五万円も用意すれば十分ですよ」

と、云われていました。彼が、南京理工大学で日本語の教員をしていたときの月給は日本円で八千円だったというのです。三人の一週間の滞在費が三万円以内というのも納得できます。市内でタクシーを拾うと、どこまで行っても日本円に換算すると一〇〇円でした。日本で使い古された乗用車で、料金メーターなどは付いていないのです。


私たちは、外国人専用と指定されているホテルに泊まりました。外国人の、安全のためという理由でした。ホテルは立派で、受付の女性は日本人形のような色白で可愛いらしい少女たちでした。こんな少女たちに、ホテルの仕事ができるのだろうかと心配になったほどです。部屋に入って間もなく、ドアがノックされて、

「枕を直しに来ました」

と言って若い女性が現れたのです。私は、何のことかと思いましたが、

「いや、結構です。自分でやりますから」

と断ったのでした。ひょっとすると、売春婦かもしれないと思ったからです。愈々、明日から取材活動開始だと思い直してベッドに入りました。


ところが、受付から連絡が入り、地元の南京テレビが明日取材をしたいと申し込んで来

ていると知らされました。場所は、このホテルの二階の広間だというのです。私は、阿部牧師と連絡を取った後、直ぐに一人で二階の広間に下見に行ってみました。一・二階が吹き抜けになっており、グランドピアノが置いてありました。一人の少女が『エリーゼのために』を弾いていました。しかし、それは楽譜通りではありませんでした。彼女が去った後、私は楽譜通りに弾いてみたくなり「エリーゼのために」やショパンの「雨だれ」「別れの曲」などを次々と弾いたのです。ピアノを離れると拍手が返ってきました。それは数人の客と従業員の方たちでした。後で知ったのですが、先にピアノを弾いた少女は『エリーゼのために』を聞き覚えで弾いていたのでした。文化大革命直後の南京では、西洋音楽の楽譜は入手が困難だったようです。私は、小澤征爾が北京で初めて指揮したとき、どうしても一小節合わないので不審に思って調べたら、楽団のメンバーが楽譜を誤写したためだと分かり、彼は一晩掛って全パートを書き直して、翌日の演奏に間に合わせたという話を思い出しました。現在の経済大国中国からは想像もできない貧しい時代だったのです。もちろん、私たち日本人も敗戦の焼け野原から立ち直ったのですから、中国と日本は国民の弛(たゆ)まぬ努力によって今日の繁栄を築き上げた同志と云えるでしょう。

さて、インタビューの当日、約束の時間から一時間以上待たされました。時間を守るのは、日本人の特性と思い直して待つことにしました。やがて、テレビ局のスタッフが機材とともに到着しました。三〇歳くらいの美しい女性アナウンサーが司会を務め、我々の南京訪問の目的などが質問されました。私が質問に答え、阿部牧師が通訳していました。

しばらくして、

「ところで、舘先生は戦争中何をしていましたか」

と聞かれました。先生とは、中国語で貴方という意味です。私は、第二次世界大戦開戦の翌日、一二月九日の生まれでしたから、

「私は、生まれていませんでした」

と、答えました。続けて、阿部牧師へ司会者が中国語で話しかけていましたが、そのアナウンサーが突然立ち上がって、阿部牧師を指さしながら大声で怒鳴りつけたのです。私は、何事かと驚いていました。すると、阿部牧師が、しどろもどろの日本語で、

「私は、日本兵として二年間中国本土にいました。その後、シベリアへ抑留されたのです」

と、答えたのです。女性アナウンサーが、私にしたのと同じ質問を阿部牧師にもしたのだと知りました。日本軍によって引き起こされた大虐殺事件に対する、南京の人々の激しい怒りを改めて知らされました。

翌日からの南京市内取材では、自分が日本人であることを知られたくないという気持ちになっていました。そのことを、取材に同行し通訳もしてくれた中国人のBさんに話すと、

「舘先生は、いくら中国人の振りをしてもすぐ分かってしまいますよ」

と云われました。中国服に身を包んだ美しい方です。彼女は、阿部牧師の南京工科大学教員時代の同僚で日本語の教師でした。中国服に身を包んだ美しい方です。南京市内を歩いていたとき、赤ちゃんを負ぶった老婆が、物乞いをしていました。すると、Bさんが、その老婆をしかりつけたのです。そして、私の方を振り返って、

「物乞いをしてはいけない」

と言ったというのです。しばらく行くと、今度は小学生ぐらいの少年が物乞いにやってきました。今度もBさんが少年を語気鋭く咎(とが)めると、少年も強い口調で言い返していました。Bさんが、少年に警察に突き出すよ、と言うと、

「僕は権力を恐れない」

と言い返したというのです。この少年が、どんな大人に成長するのか頼もしく思いました。

南京取材旅行は一〇日ほどでした。初めの四日間ほどで、南京大虐殺記念館（中国名は

侵華日軍南京大屠殺遭難同胞紀念館）所蔵の写真百数十枚の接写を終えました。これが、今回の取材旅行の主な目的でした。

その後は、阿部牧師夫妻とBさんと私たち四人は、南京市内見物をして回りました。何処へ出かけるのもタクシーでしたが、いくら乗っても一〇円（日本円）で済んだのです。中山の孫文墓所へ行こうとしましたが、修復中とのことで山の麓から引き返しました。帰国の二日前にお礼に皆さんを昼食に誘いました。南京で最上級という料亭で、京劇の実演を見ながら食事をするという宴席を設けたのです。驚いたことに、通訳のBさんを入れた四人分の支払いが一万二千円だったのです。東京での会社経営が火の車でしたから、急にシンデレラの金の馬車に乗り換えた気分になったのでした。

残念だったのは、阿部牧師の友人だった気象台長（天文台長か）からの食事のお誘いを断ったことです。南京に住んでおられた方の生の声を聴くチャンスを逃してしまいました。疲れが溜まっていたのと、街全体が黄砂のせいで埃っぽくて出かける気になれなかったのです。一方では、あの南京テレビの女性アナウンサーの阿部牧師への怒りの爆発がすべてを物語っていると思っていました。また一方で、今度の出版は「写真をして語らしめる」ということなのだから、それ以上のコメントは必要ないという思いもありました。

帰りの列車の切符は、日本の旅行会社で買っていました。全席指定席のはずでしたが、私たちの席を二人の中国人が取り合って言い争っていたのです。すると、見送りに来ていたBさんが語気鋭くその中国人二人を追い払ったのです。指定席券も駅員による汚職の対象になっていたのです。Bさんは、そんな事情を良く知っていたのです。出発間際に乗り込んできた日本人の若い二人の商社マンが、

「おい、行きと帰りの運賃が違うぞ、会社にどう報告すりゃいいんだ」

と、話し合っている声を耳にしました。中国政府が長年にわたり汚職追放に懸命になっている理由が分かる気がしました。

これが、鄧小平の改革開放以前（この取材は94年なので改革開放以降が正しい。引退した鄧小平が改革開放を再び提唱した南淳講話が92年、それを受け江沢民主席が93年に社会主義市場経済として再導入、鄧小平が主席時に行った改革開放だけなら78年から89年まで）の貧しかった時代の中国の実情だったのです。

その頃、私はエルピスの出版企画立案のために、二人の友人にブレーンになってもらっていました。青山学院短期大学の石引正志教授（西洋史）と伊藤勝啓教授（宗教主任）でした。私は写真集出版という弱小出版社にとっての一大企画を伝え、毎週編集会議を石引教

授の研究室で行うことで合意を得ました。貧乏会社で謝礼などは払えないので、せめて会議の日は、ケーキを買って行くことにしていました。

そんなある日、「赤旗」の編集長から、

「南京から事件の写真を持ち帰った方を知っていますから、連絡をとってみませんか」

という知らせが来ました。これはビッグニュースとばかりに、早速電話しますと、南京に従軍した元日本兵の村瀬守保氏のご遺族の方が出られました。

「本人はすでに死亡していますが、平和のために役立つのでしたら、どうぞお使いください」

という、返事が返ってきて、数日後には写真が郵送されてきました。その写真は無修整で、しかも未発表のものばかりでした。

それとは別に、編集会議のメンバーが南京関係の史料として見つけてきたのが石射猪太郎氏の「外交官の一生」（中公文庫）でした。私は、これで資料は十分だ、あとは事件の現地取材をするのみだと思っていたのです。

『写真集・南京大虐殺』のあとがきに使用した石射猪太郎氏の文章を紹介します。

南京アトロシティーズ

南京は暮れの十三日に陥落した。わが軍のあとを追って南京に帰復した福井総領事からの電信報告、続いて上海総領事からの書面報告がわれわれを慨嘆させた。南京入城の日本軍の中国人に対する掠奪、強姦、放火、虐殺の情報である。憲兵はいても少数で、取締りの用をなさない。制止を試みたがために福井領事の身辺が危ういとさえ報ぜられた。一九三八（昭和一三）年の日記にいう。

上海から来信、南京におけるわが軍の暴状を詳報し来る。掠奪、強姦、目もあてられぬ惨状とある。嗚呼これが皇軍か。日本国民民心の頽廃であろう。大きな社会問題だ。

南京、上海からの報告の中で、最も目立った暴虐の首魁の一人は、元弁護士の某応召中尉であった。部下を使って宿営所に女を拉し来っては暴行を加え、悪鬼のごとくふるまった。何か言えばすぐ銃剣をがちゃつかせるので、危険で近よれないらしかった。

私は三省事務局長会議でたびたび陸軍側に警告し、広田大臣からも陸軍大臣に軍紀の粛正を要望した。軍中央部は無論現地軍を戒めたに相違なかったが、あまりに大量な暴行なので、手のつけようもなかったのであろう、暴行者が、処分されたという話を耳にしなかった。当時南京在留の外国人達の組織した国際安全委員なるものから日本側に提出された報告書には、昭和一三年一月末、数日間の出来事として、七十余件の暴虐行為が詳細に記録されていた。最も多いのは強姦、六十余歳の老婆が犯され、臨月の女も容赦されなかったという記述は、ほとんど読むに耐えないものであった。その頃、参謀本部第二部長本間少将が、軍紀粛正のために現地に派遣されたと伝えられ、それが功を奏したのか、暴虐事件はやがて下火になっていった。

これが聖戦と呼ばれ、皇軍と呼ばれるものの姿であった。私はその当時からこの事件を南京アトロシティーズと呼びならわしていた。暴虐という漢字よりも適切な語感がでるからであった。

日本の新聞は、記事差し止めのために、この同胞の鬼畜の行為に沈黙を守ったが、悪事は直ちに千里を走って海外に大センセーションを引き起こし、あらゆる非難が日本軍に向けられた。わが民族史上、千古の汚点、知らぬは日本国民ばかり、大衆はいわゆる赫々たる戦果を礼讃するのみであった。

—石射猪太郎著「外交官の一生」(中公文庫)より—

＊なお、石射猪太郎氏は当時、外務省東亜局長でした。晩年に受洗し、キリスト者として生涯を

まっとうされました。

私は、同胞の日本人がなぜこのような蛮行を犯してしまったのかと考えました。欧米の脅しに屈せず、明治維新を成功させた日本人は、日清・日露戦争の勝利により欧米列強の仲間入りを果たしたと思ったのです。それは、世界の一流国入りを果たしたという慢心を生みました。同時に、アジア諸国に対する優越感となっていたのです。文字や仏教文化を始めとして、「すべて良きものは西から来る」という謙遜さを失いアジアの一等国という傲慢とアジア諸国蔑視の意識に染まっていたのです。脱亜入欧の精神です。しかも、戦争という生命危機の中で、人間の内に秘められていた悪の根が蘇ってしまったのだと思われます。

南京攻略では、前線部隊を支援するための兵器や食料などの兵站は現地調達とされ、本土からの補給はなかったのです。つまり、日本軍による掠奪は日常的に行われていたのです。

そのような状況下で、「南京に行けば、何でも思いのままだから、それまで我慢しろ」というのが合言葉のように語られていたというのです。

そして、この南京の暴虐事件を契機に、日本軍に慰安婦制度が設けられたと言われています。

愈々「写真集・南京大虐殺」ができ上がり、発売日が決まりました。妻の知人の共同通信社のN記者が、

「本書は、ソ満国境で夫を亡くした未亡人の、平和への願いを込めた資金提供によって出版されました」

という紹介記事を全国の新聞各社に配信してくださったのでした。

南京大虐殺は、日本人として在ってほしくない戦争犯罪ですが、これを歴史的な事実として受け止めて謝罪し、繰り返さないための歴史の教訓とすることが求められているのです。南京大虐殺記念館が所蔵する写真には、修整されたものや切り離されたものも数枚ありました。しかし、当時の日本においても、写真家の仕事は、お見合い写真のように、修整を加えることが仕事であったことを思えば、一部の写真の修整をもって全部を否定し、歴史をも否定することは許されないのです。

私は、この本を『写真集・南京大虐殺』を刊行するキリスト者の会として出版しました。

出版後は、脅しの電話や手紙が来ました。右翼の街宣車が事務所前に押し寄せたこともありました。本書の取次店に「殺すぞ」という脅しの電話もあったそうです。また、南京

の写真は全部捏造されたものであるとする本が何冊も出されたのは驚きです。
私たちには、歴史を学び、教訓とすることこそが大切なのです。
ところで、この『写真集・南京大虐殺』刊行後に三人に共通の恩師であった小林泰雄先生の『聖書と文明の歴史』（南窓社）の改訂版の出版を行いました。

人々を恐れてはならない。覆われているもので現わされないものはなく、隠されているもので　知られずに済むものはないからである。

マタイによる福音書　一〇章二六節

おばちゃんの受洗

神田錦町は都心ですが、一九六四年の東京オリンピック後の再開発から取り残されていました。しかし、バブル期最後の物件として、おばちゃんの家が土地建物合わせて五億円という高値で不動産屋が買い取ったのです。おばちゃんは、現金で一億円を受け取り、残りは腹違いの弟に渡して税金の支払その他の処理をさせました。一人で生計を立ててやってきたおばちゃんは、度胸も商才もあり自民党千代田区の婦人部長を長年つとめたこともあって情報通でもあったのです。私と知り合った頃はすでに、株や不動産で儲けて優良株や千葉の津田沼駅近くに土地を持つほどの資産家になっていたのです。

あるとき、「経済の目安は株なんだよ」とポツリと漏らした一言に、私はなるほどおばちゃんの経済感覚は本物に違いないと感心したのでした。

さて、母親と二人で暮らした家を出たおばちゃんは、水道橋駅の裏通りに隣接する区営住宅に入所が決まりました。競争率の高い区営住宅に入れたのは、強運だったのです。し

かし、周りの口さがない人から、

「上に手をまわしたんでしょう」

と、言われて気丈なおばちゃんは、

「そんなこと、するかい」

と、言って悔しがっていました。

ところで、おばちゃんは幼い頃に、近所の宣教師から教えられた「主われを愛す」という子ども讃美歌を覚えていました。それで、

「近くの三崎町教会に行ってみたら」

と、言うとすぐに通い出したのです。おばちゃんの行動はいつも素早いのです。教会では、婦人部の方たちが週に二回お弁当を運び、話し相手もしてくれたのです。三崎町教会は、水道橋駅から近いので教会員は遠くから電車でやってくる方が多かったのです。週二回も家庭訪問をするのはたいへんなことだと感心しました。

ある日、私は教会を訪ねておばちゃんの様子を聞いてみました。応対してくれた作道至示牧師は、おばちゃんの前で、

「この人は頑固なんですよ」

と、こぼしました。私は、率直な方だなと思いました。年寄りは頑固だから牧師の手を

焼かせて当然と思っていました。それから二年ほどたったある日、突然おばちゃんが、

「私、洗礼を受けることにしたよ」

と、言い出したので私は思わず、

「どうして」

と、言ってしまいました。良かったねとか、おめでとうとか言うべきだったのでしょうが、私は面食らっていたのです。

次の日曜日、私は、世田谷教会でいつものように礼拝説教を聞きながら、おばちゃんのことを考えていました。説教の内容は、

「神がなさることは、人間には偶然と思えることでも、神の側からすれば計画された必然（摂理）なのである」

と、いうものでした。おばちゃんが、子どもの頃に宣教師に出会って、神さまの話を聞いて以来、私に出会って毎日熱心に聖書を読むようになったことなど、すべては繋がっていたのだと思いました。しかし、よく考えてみると、おばちゃんは普通の人の何倍もの苦労をしてきたのです。家を三回も焼け出され、戦火の下を逃げ回り、戦争で夫を亡くしても負げずに生き抜いてきたのです。どんなときにも、主がともにいてくださったと理解したとき、受洗の決心がついたのだと思いました。

「おばちゃんは長い荒野の旅のような人生の荒波を潜り抜けたのだ」と、思うと、讃美歌を歌いながら、熱いものがこみ上げてきました。戦後の困難な時代を手を取り合って生きてきた母親を天に送り、腹違いの兄弟たちから見捨てられて天涯孤独となったときも、いつも寄り添いつづけてくださる「神の独り子・主イエス」に出会い、その愛に抱(いだ)かれる道を見出して洗礼を受けたのだと、私にも理解できたのでした。

十字架の下ぞ　いと安(やす)けき、神の義と愛の　会えるところ
嵐吹くときの巌(いわお)の陰　荒れ野の中なる　わが隠れ家

讃美歌　二六二番

おばちゃんの病気

おばちゃんを会長とする社員旅行は、二年以上続きました。金曜日のおばちゃん宅での囲碁会も賑やかに続いていたのですが、両方ともおばちゃんの引っ越しで終わりとなりました。

おばちゃんは、長年住み慣れた神田錦町を離れて千代田区営住宅に引っ越したのです。三階のおばちゃんの部屋からは水道橋駅のホームが見えました。同じ高さだったのです。私は、仕事が終わるとおばちゃんの新居に車で通っていました。

一二月の初め頃、私はクリスマスの前祝と称しておばちゃんを食事に誘いました。東京YMCAの地下の食堂でした。ところが、約束の時間になってもおばちゃんは現れないのです。店長はクリスチャンで、おばちゃんとも顔なじみでした。私は、水を運んできた店長に、

「約束を忘れる人じゃないんですがね」

と、言い電話をかけてみました。すると、おばちゃんは部屋にいたのです。私は、

「どうしたのよ。待っているのに」

と言うと、

「今、ご飯を食べたところだよ」

との返事でした。長年の近所づきあいを絶っての新しい暮らしでおばちゃんが痴呆になったのでは、と急に心配になりました。


その頃のおばちゃんは、腎臓病で御茶ノ水の順天堂大学病院に通っていましたが、引っ越し後は病院の紹介で腎臓透析専門のクリニックに通うようになりました。新居から百メートルほどの所にありました。七〇を過ぎていましたから、さすがのおばちゃんも相当弱っていたのです。やがて、クリニックの紹介で、靖国神社の裏側にある区の施設に引っ越しました。その施設は、自分の身の回りの世話は自分でするという自立が原則でした。施設に入ってからのおばちゃんの病状は、目に見えて進んでいました。おばちゃんが、

「背中が痒(かゆ)い」

と言うと、私はおばちゃんの上半身を裸にしてお湯で濡らしたタオルで拭いてやっていました。

あるとき、おばちゃんは、

「やっぱり、裸を見られるのは恥ずかしいよ」

と言ったのです。私は、自分の鈍感に気付かされました。年をとっても、女性は女性なのです。私は、覚悟を決めておばちゃんと一緒に風呂に入ることにしました。風呂場は狭く、特に湯舟は一人がやっと入れる大きさです。湯舟の中で溺れるのを防ぐ設計になっていたのです。私は、素っ裸になっておばちゃんと風呂に入り、背中を流しながら、

「これからは裸と裸の付き合いだ、もう恥ずかしくないだろう」

と言うと、大きく頷いたのでした。そんなある日、クリニックでおばちゃんが透析中に気を失うという事態が起きました。いよいよ介護付きの病院におばちゃんを入院させねばならないと思いました。私は、札幌琴似教会の長老で北大教授の有馬先生に連絡しました。琴似教会は、私が受洗した教会であり、有馬先生は弟幸雄の仲人でもありました。

「姉が千葉に嫁いでいるから、何かあったら訪ねてみなさい」

と、有馬先生に言われていたのを思い出して電話をしたのです。千葉市内の柏戸病院を紹介してもらいました。有馬先生のお姉さんは、柏戸病院の院長夫人でした。急いで柏戸病院を訪ねると、院長は私の事情を考慮して三愛病院を紹介してくれました。千葉駅から近く、毎朝出勤前に通うことができるようになりました。教会を通しての主にある交わりに心から感謝したのでした。ちなみに、有馬長老の父上は、東大教授を歴任された後、北

大に医学部を創設された方でした。

人は女から生まれ、人生は短く苦しみは絶えない。
花のように咲き出でては、しおれ、影のように移ろい、永らえることはない。
ヨブ記　一四章一節

お葬式

一月七日は、我が社の仕事始めでした。寝坊してしまった私は、その日に限って病院に寄らずに出勤しました。夕方、

「松田のおばちゃんが死んだって、病院から知らせがあったよ」

という、娘の泣きながらの電話が入ったのです。少し経って、我に返った私は病院に駆けつけました。

前日、介護入浴をしたおばちゃんは、朝から待合室で私が来るのをずっと待っていたそうです。やがて立ち上がって歩き出した途端に倒れて、そのまま事切れたのです。体を清めて最期を迎えたのです。おばちゃんらしく、準備の整った最後でした。

私は、おばちゃんが洗礼を受けた三崎町教会へ行き、葬儀の日取りなどの打ち合わせをして帰りました。

葬儀の日は、どんよりと曇った冬空が重く垂れ下がっていました。

水道橋駅近くの三崎町教会ビルは、ビル群に挟まれて立ち、正面の壁に嵌(は)め込まれた大

きな十字架が存在感を示していました。

一週間ほど前、寒風の中で妻が庭の水道の蛇口で、おばちゃんの下着の汚れを洗い流している姿を見て、嫁姑関係に似たぎくしゃくした妻の心が修復されたと思い、ホットした矢先でした。おばちゃんの入院生活は一〇日ほどで終わったのです。

葬儀の司式者は山田道夫牧師でした。おばちゃんを指導された作道牧師は、急逝されていたのです。私は、賑やかなことが好きだったおばちゃんらしい葬儀にしたいと思いました。冗談から始まった社員旅行で会長だったおばちゃんを㈱エルピスの会長とし、私は社長として社葬を取り仕切りました。教会側からは教会員と聖歌隊が参列してくれました。おばちゃんの愛唱歌「主われを愛す」を歌い出したとき、私は突然喉がつまって歌えなくなってしまいました。おばちゃんは、その小さな身体で波乱万丈の生涯を歩み続けて、今、憩いの水際にやっと辿り着いたのだと思いました。おばちゃんの七四年の生涯をともに歩まれた主への感謝の思いに満たされました。著名な外国人女優が愛誦していたという祈りの一節を思い浮かべていました。

主よ、ともに宿りませ。

海はかくも広く　わが舟は　かくも小さければ

前日まで、葬儀には出席しないと言っていたおばちゃんの身内の人たちも大勢で参列していました。私は、この日おばちゃんが身内の方々との和解をさせてくれたのだと思いました。

葬儀の参列者は百人近くになっていました。

主われを愛す、主は強ければ、われ弱くとも　恐れはあらじ
わが主イエス、わが主イエス、わが主イエス、われを愛す
讃美歌　四六一番

あとがき

本書は、終活の一環として子（娘・路津子・光津子）や孫たち（皐月・美月・優付・光佑）のために私の生い立ちについて書き残そうと考えて書き出しました。仮綴じの原稿を兄の良彦に送ったところ、自分たちの両親のことや家族のことなどとても興味深いので、資金は自分が出すから本にして送ってほしいと言われたのです。これに励まされて、多少加筆してキリスト新聞社に原稿を送ったところ、出版を快く引き受けてくれました。兄の励ましと好意に感謝しつつ、本書を世に送る次第です。

最後に、助言と指導をいただいたキリスト新聞社の松谷信司社長と金子和人氏に心からお礼を申し上げます。

著者紹介

舘　正彦（だて・まさひこ）

1941年北海道生まれ。同志社大学法学部卒。（株）教文館勤務を経て、（株）エルピス代表取締役。編集者・作家。

【編著書】

日中共同制作『写真集・南京大虐殺』、六聖書対象新約全書『日本語ヘクサプラ』、改革教会礼拝歌集『みことばをうたう』（以上エルピス）、『西郷隆盛とキリスト教信仰』（キリスト新聞社）『中高生からの平和憲法 Q&A』（共著、晶文社）他。

装丁：　長尾　優

神田神保町二丁目

ⓒ 2023 舘正彦

2023年4月20日　第1版第1刷発行

著者　舘　正彦

発行所　株式会社　キリスト新聞社
出版事業課

〒162-0814 東京都新宿区新小川町9-1　電話03（5579）2432
URL. http://www.kirishin.com
E-Mail. support@kirishin.com

印刷　光陽メディア

ISBN978-4-87395-822-4　C0016（日キ販）

Printed in Japan